GESCHICHTE UND GESCHEHEN

Chinas Weg in die Moderne

Autoren:
PD Dr. Michael Epkenhans
Dr. Wolfgang Geiger
Dr. Thomas Lange

Die Redaktion dankt Herrn Andreas Berndt
(Institut für Sinologie, Universität Leipzig)
für seine beratende Unterstützung.

D1720567

Ernst Klett Verlag
Stuttgart · Leipzig

Bildnachweis

1. Auflage   1 5 4 3 2 | 2012 2011 2010 2009

Alle Drucke dieser Auflage sind unverändert und können im Unterricht nebeneinander verwendet werden. Die letzte Zahl bezeichnet das Jahr des Druckes.

Autoren:
PD Dr. Michael Epkenhans   S. 48–72
Dr. Wolfgang Geiger   S. 5–20, 44–47
Dr. Thomas Lange   S. 21–43

Redaktion: Dr. Björn Opfer-Klinger
Herstellung: Jeanette Frieberg

Satz: druckmedienzentrum, Gotha
Reproduktion: Meyle + Müller, Medien Management, Pforzheim
Kartenbearbeitung: Ingenieurbüro für Kartografie Joachim Zwick, Gießen
Druck: Mediahaus Biering GmbH, München

Printed in Germany
978-3-12-430034-8

Inhalt

Online-Link

Mit Hilfe dieses Links gelangen Sie zu ergänzendem Zusatz-
material. Einfach auf www.klett.de/online gehen und in das
Link-Feld die Nummer 430034-0000 eingeben.

Hinweise zu Transkription und Aussprache

Zur Transkription der chinesischen Schrift wurden im Laufe der Zeit mehrere Systeme entwickelt. In der Volksrepublik China gilt heute das Hanyu-Pinyin-System als offizielle Umschrift. Darüber hinaus ist noch die Wades-Giles-Umschrift von Bedeutung, welche vor allem früher und im englischsprachigen Raum sowie auf Taiwan Verbreitung fand. In diesem Themenheft gilt die Umschrift gemäß dem Hanyu-Pinyin-System. Ausnahmen werden jedoch bei einigen Namen und Begriffen gemacht, für die sich bereits andere Transkriptionen bzw. teilweise auch andere Bezeichnungen fest eingebürgert haben. Im Einzelnen sind dies (mit chinesischer Hanyu-Pinyin und teilweise anderen Varianten in Klammern):

- Chiang Kaischek (Jiang Jieshi; auch Tschiang Kai-shek)
- Hongkong (Xianggang)
- Kanton (Guangzhou)
- Konfuzius (Kongzi; auch Kong-fu-zi, Kung-tse, Kung-fu-tse)
- Macao (Aomen)
- Sun Yatsen (Sun Zhongshan, Sun Yatsen)
- Tibet (Xizang)

Für einige wichtige Namen gibt es zudem folgende Variationsmöglichkeiten in der Umschrift:
- Beijing < > Peking
- Cixi < > Tz'u-hsi
- Mao Zedong < > Mao Tse-tung
- Nanjing < > Nanking
- Qing < > Ch'ing

Um die Aussprache chinesischer Namen und Begriffe zu erleichtern, gelten folgende Hinweise:
- c   wie ts
- ch   wie tsch
- j   wie dj
- q   wie tj
- r   wie engl. r, etwa right
- sh   wie sch
         vor i oder u unausgesprochen
- w   vor o wie wuo
- x   wie ch in ich
- u   nach j, q, x, y wie ü
- y   wie engl. y, etwa bei young
- z   wie ds
- zh   wie dsch

Hinweis zur Benennung chinesischer Kaiser:
Bei der Inthronisierung nahmen die chinesischen Kaiser der Qing-Dynastie (1644 – 1911) eine Regierungsdevise an. Da diese Devise jeweils für die gesamte Regierungszeit eines Kaisers galt, entwickelten sich die unterschiedlichen Devisen zu einer Art Namensersatz. Sie sind jedoch von den eigentlichen Namen zu unterscheiden. Um dies deutlich zu machen, werden die Regierungsdevisen vor den Kaisertitel geschrieben; zum Beispiel: Guangxu-Kaiser = Kaiser mit der Regierungsdevise Guangxu (regierte 1875 – 1908)

1 Die Krise des alten Reiches – China zu Beginn des 19. Jahrhunderts

1 Diese Karte der östlichen Hemisphäre zeigt die weit ausgreifende Reichsvorstellung der Mandschu. Sie wurde 1790 für den Kaiserhof der Qing erstellt. Die Karte wurde wahrscheinlich von jesuitischen Kartographen aus Europa gezeichnet, die am Hofe des Kaisers beschäftigt waren.

1.1 Das alte China

China ist die älteste heute noch existierende Zivilisation der Welt. Das Bewusstsein davon konnte schon in der Vergangenheit nicht ohne Wirkung auf das chinesische Selbstverständnis bleiben. Bis zum 18. Jahrhundert kam China mit keiner ebenbürtigen Kultur in engeren Kontakt. Tatsächlich hatte ja Europa seit dem Mittelalter fast alles, was ihm die Seefahrt und dann die koloniale Herrschaft ermöglichte, zunächst von den Chinesen übernommen – vom sogenannten Lateinersegel über den Kompass bis zum Schießpulver. Erst im 17. Jahrhundert setzte sich Europa in der Wissenschaft und im 18. Jahrhundert in der Technik an die Spitze. Die Jesuiten, die seit

dem 16. Jahrhundert geduldet wurden und sogar Ämter am Hofe bekamen, brachten zwar einige wissenschaftliche Erkenntnisse nach China (Kartographie, Astronomie, Kalenderrechnung, …), doch wie die europäischen Händler, die mit ihren Schiffen in den Perlfluss einfahren und in Kanton an Land gehen durften, brachte dies noch keine Infragestellung des traditionellen chinesischen Weltbildes. Umgekehrt wurde China in der europäischen Frühaufklärung idealisiert als ständelose Gesellschaft, in der es keinen Erbadel und keinen Klerus gab und die Ämter nach Befähigung besetzt wurden.

1

2 Hofzeremoniell

Kotau vor dem Qianlong-Kaiser. Eine Gesandtschaft überbringt Pferde als Tribut, zeitgenössische Malerei.

Die Mitte der Welt – Zentrum und Peripherie

Die abweisende Haltung, die der Qianlong-Kaiser gegenüber einer britischen Gesandtschaft 1793 einnahm, wurde später oft als symbolisch für chinesischen Hochmut und Isolationismus zitiert. Nach chinesischer Vorstellung war dem Kaiser als „Sohn des Himmels" ein göttlicher Auftrag auf Erden übertragen, das „Mandat des Himmels". Dies war Teil einer umfassenderen religiösen Vorstellung von den Beziehungen zwischen Erde und Himmel, Mensch und Kosmos. Für China selbst gibt es im Chinesischen übrigens keinen Eigennamen, vielmehr hat sich zhongguo, „Reich der Mitte", eingeprägt. Auch gibt es keine eigene ethnische Bezeichnung für das Volk, sondern verschiedene Kaiserdynastien haben hierfür stellvertretend ihren Namen gegeben, z. B. Qin für China in den europäischen Sprachen. In China spricht man in Anlehnung an die Han-Dynastie von den Han-Chinesen zur Unterscheidung von den anderen ethnischen Gruppen im Reich.

China war seiner Tradition nach die Mitte der Welt. An den Rändern und darüber hinaus lebten „Barbaren", die in dieser klassischen Form des Ethnozentrismus sehr abschätzig betrachtet wurden bis hin zu Ausprägungen von Rassismus. Während die direkt angrenzenden Länder wie Korea oder Annam (Vietnam) wirtschaftlich mit China verflochtene Vasallenstaaten waren, genügte für die weiter entfernten Länder die Anerkennung der Oberhoheit des Kaisers durch die Entsendung von Tributen, um in die chinesische Welt aufgenommen zu werden und an den Segnungen dieser Pax Sinica teilzuhaben. Dies galt auch für das alte Japan. Die Teilhaber an dieser chinesischen Ordnung profitierten immerhin von exklusiven Handelsbeziehungen, die damit verbundene kulturelle Harmonievorstellung stand jedoch in der historischen Realität einer langen Reihe kriegerischer Konflikte gegenüber.

Kontinuität und Diskontinuität in der chinesischen Geschichte

Schon im 21. Jh. v. Chr. erfolgten kleinere Reichsbildungen unter Königen (sog. Xia-Dynastie) und die Entstehung einer Schrift unter der Shang-Dynastie ab dem 16. Jh. v. Chr. Die Reichseinigung erfolgte durch einen militärischen Gewaltakt 221 v. Chr. unter Qin Shi Huangdi, der den Kaisertitel annahm. Die chinesische Geschichtsschreibung idealisiert bis heute die Kontinuität der damals begründeten zentralen Herrschaft, die in der Realität oft genug in Teilstaaten zerfiel und auch mehrfach unter Fremdherrschaft aus dem Norden geriet, v. a. unter den Mongolen (Yuan-Dynastie 1279–1368) und den Mandschu, die 1644 unter dem Namen Qing die letzte Dynastie bis zum Sturz der Monarchie 1911 stellten.

Als Stärke der politischen und kulturellen Ordnung, die man vereinfacht mit der Lehre des Konfuzianismus auf einen Nenner bringen kann, und als Argument für die Kontinuitäts-These gilt jedoch, dass sich die Eroberer Chinas sehr schnell an das System des Kaisertums und seine konfuzianische Werteordnung anpassten. Marco Polos Bericht vom Hofe Kublai Khans, des ersten Kaisers der mongolischen Yuan-Dynastie, gilt als klassische Darstellung des kaiserlichen China. Später führte die Mandschu-Herrschaft China zu seinem historischen Höhepunkt hinsichtlich der territorialen Ausdehnung und des inneren Wohlstands, an dem breite Bevölkerungsteile partizipierten. Gleichwohl blieb dies eine Fremdherrschaft aus han-chinesischer Sicht, so wie die Mandschu ihrerseits bei der Vergabe der hohen Ämter einen ethnischen Proporz (ein Mandschu neben einem Chinesen) festsetzten. Ende des 18. Jahrhunderts stand China auf dem Höhepunkt seiner territorialen Ausdehnung und Macht: Die Mandschu hatten es geschafft, die weiten Territorien der Nomaden und Halbnomaden jenseits der alten chinesischen Grenzen im Norden und Nordwesten in das Reich einzuverleiben. Dies betraf auch Tibet, wo die Chinesen 1720 uigurische Eroberer vertrieben und die Herrschaft des Dalai Lama wieder herstellten, allerdings in Unterordnung unter den Kaiser.

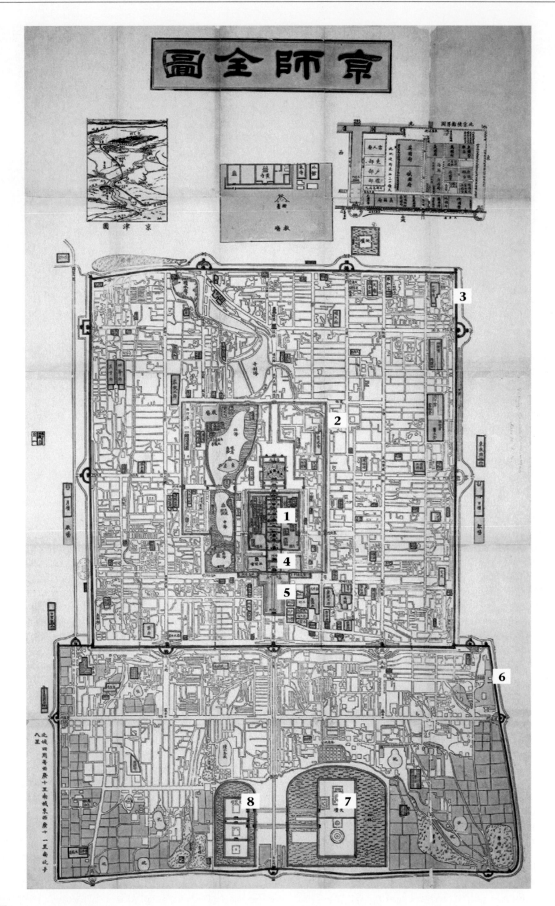

3 Beijing (Peking) im Jahre 1800. Eine vom Qianlong-Kaiser in Auftrag gegebenen Karte

1 Verbotene Stadt, unterteilt in den Äußeren Hof und die Inneren Kammern; 2 Mauer um die Kaiserstadt; 3 Mauer um die sog. Tartaren- oder Mongolenstadt; 4 Vorplatz zur Verbotenen Stadt. Links: Altar für die Erd- und Fruchtbarkeitsgötter. Rechts: Ahnentempel; 5 Regierungsämter links und rechts des Eingangs zur Kaiserstadt; 6 Mauer um die Chinesenstadt; 7 Himmelstempel; 8 Altar des Ackerbaugottes

4 **Die Baodai-Brücke über den Kaiserkanal in Suzhou, Provinz Jiangsu**
Erstmalig 806 n. Chr. errichtet, bis 1446 mehrfach ausgebaut, überspannt die 317 m lange Brücke mit 53 Bögen
den Kanal. Der höchste Bogen ermöglicht die Durchfahrt von Dschunken bis zu 7 m Höhe.

Bedrohungen von außen – Bedrohungen von innen

Seit der frühesten Zeit des Kaisertums lebten die Chinesen unter ständiger Bedrohung durch kriegerische Nomadenvölker aus dem Norden. Dies machte den Bau der Großen Mauer – in Wirklichkeit viele Teilbauwerke – seit ihrem Anfang als Verteidigung gegen die Hunnen (Xiongnu) im 3. Jh. v. Chr. bis zu ihrer Überwindung durch die Mandschu im 17. Jh. zu einer ständigen Aufgabe. Eine andere waren die Deich- und Kanalbauten gegen die jährlich drohenden Überschwemmungen sowie für die landwirtschaftliche Bewässerung und die Binnenschifffahrt. Und dann gab es noch den Kampf gegen das Räuber- und Piratenunwesen. Die Besinnung auf diese Prioritäten, neben anderen Faktoren, führten zum abrupten Abbruch des groß angelegten Projekts der Entdeckung und symbolischen Eroberung der Welt durch die Seeexpeditionen des Admiral Zheng He unter den Ming im 15. Jh. Im Streit zwischen zwei strategischen Orientierungen – hinaus in die Welt oder aber Rückzug und Sicherung der Heimat – siegte die Letztere. Was nützte es die Welt zu erkunden, sich von fremden Herrschern Ehrerbietungen und Tribute zukommen zu lassen, wenn eine neue Invasion aus dem Norden drohte – wie zuvor die der Mongolen, die ja gerade von den Ming gestürzt worden war?

Wie dennoch später das „barbarische" Volk der Mandschu die Herrschaft über China erobern konnte, ist in mehrfacher Hinsicht bezeichnend. Voraussetzung war eine dramatische innere Schwächung Chinas infolge klassischer Formen des Verfalls durch Korruption, Vernachlässigung der staatlichen Aufgaben inklusive der Verteidigung sowie darauf reagierenden Aufständen im Volk. Doch die Mandschu errichteten ihr Reich zunächst nur

in den Grenzgebieten. Aber als mehrere Ming-Generäle zu ihnen überliefen, darunter der Verteidiger der östlichsten Stelle der Großen Mauer, Wu Sangui, stand ihnen der Weg nach Beijing (Peking) und auf den Kaiserthron offen. Dort hatte der Anführer eines Bauernaufstandes, Li Zizheng, die Macht ergriffen und sich selbst zum Kaiser ausgerufen. Dem General Wu Sangui war es am Ende lieber, dass ungeliebte Invasoren aus dem Norden, wie einst die Mongolen, das Kaisertum im alten Geist weiter führten, als dass er eine Revolution mit einem chinesischen Bauern auf dem Thron hinnehmen müsste.

Beamte und Bauern – die soziale und demographische Entwicklung

Grundherrschaftliche Verhältnisse aus früherer Zeit waren schon einerseits durch wiederholte Bauernaufstände seit dem 9. Jahrhundert, andererseits aber auch durch die zunehmende Einflussnahme des Staates auf die Landwirtschaft aufgelöst worden. Enorme soziale Unterschiede blieben allerdings weiterhin durch die unterschiedliche Größe des Grundbesitzes bestehen. Der Großgrundbesitz war weitgehend in der Hand von Beamten, die gleichwohl keinen Erbadel bildeten, aber von den Historikern in Anlehnung an die englischen Verhältnisse als eine Art von Gentry bezeichnet werden. In den Beamtenstand konnte theoretisch jeder unabhängig von seiner Herkunft durch eine entsprechende Bildung aufrücken – bis nach ganz oben, wenn man neun Stufen staatlicher Prüfungen bestand. Doch auch wer es nicht bis zum großen Mandarin (hoher Beamter) brachte, bekam auf lokaler Ebene eine offizielle Funktion, gesellschaftliche Anerkennung und Land für seine Familie. Wenn sich auch die Angehörigen dieser Gentry durch eine entsprechende Bildung die besten Chancen zum Erhalt ihrer Stellung für die nächsten Generationen sicherten, so kam es ab und zu auch zum Aufstieg bislang namenloser Kandidaten in die Beamtenschaft. Diese Meritokratie erschien den europäischen Philosophen der Aufklärung als das ideale Gegenmodell zur Aristokratie ihrer Gesellschaft und eine im wahrsten Sinne des Wortes „Herrschaft der Besten" (ursprüngliche Bedeutung von „Aristokratie").

Doch das durch die Beamtenprüfungen abgeforderte Bildungsideal war die sture Wiedergabe eines festen Kanons klassischer Bücher unter Ausschluss jeder Veränderung oder Kritik – das Gegenteil des Prinzips der Aufklärung in Europa. Im Zuge der allgegenwärtigen Korruption gelang es außerdem der Gentry, sich in Ämter einzukaufen und anschließend in dieser Funktion von der Bevölkerung Steuern einzutreiben. Gleichwohl entstand aus der Bildungselite heraus auch Kritik an den bestehenden Verhältnissen, in der sich der Wunsch nach einer politischen Mitsprache äußerte.

Eine lange Zeit des relativen Friedens unter den Qing und eine erfolgreiche Innen- und Sozialpolitik verbesserten anfangs die Lage breiter Bevölkerungsschichten. Frondienste wurden in Arbeit gegen Entlohnung umgewandelt. Die faktische Abschaffung der Kopfsteuer, die bislang auf der Mitgliederzahl eines Haushalts lag, durch ihre Integration in die Grundsteuer entlastete die Bauern mit wenig Landbesitz und befreite die Landlosen vollständig davon. Hinzu kam ein zeitweises Einfrieren der Steuern auf ihrem numerischen Status quo sowie eine enorme Verbesserung der landwirtschaftlichen Erträge durch eine gezielte Agrarpolitik seit dem 16./17. Jahrhundert (u.a. durch die Einführung der Süßkartoffel aus Amerika), die die chinesische Landwirtschaft zur produktivsten der Welt machte. Dies alles führte zu einem relativen Wohlstand auch der ländlichen Bevölkerung. Daraus entstand jedoch ein rapider Bevölkerungszuwachs, der im letzten Viertel des 18. Jahrhunderts zusammen mit anderen Faktoren eine tiefe Krise herbeiführte. Die im Zuge eines längeren Prozesses in weiten Teilen des Reiches aufgelöste Grundherrschaft hatte die Bauern zwar rechtlich befreit, sie konnten z.B. herrenloses Land im Westen besiedeln, oft sogar mit staatlicher Förderung, die damit auch eine Bevölkerungspolitik der Ausbreitung der Han-Chinesen in andere ethnische Gebiete verfolgte. Die Bevölkerungsexplosion erzeugte jedoch eine Masse Klein- und Kleinstbauern, die sich bei den Großgrundbesitzern verschuldeten, für sie arbeiteten oder deren Pächter wurden. Aufgrund dieses Prozesses entstand eine Art neue Grundherrschaft auf Vertragsbasis. Auch wenn keineswegs alle Pachtverträge schlechte Bedingungen für die Pächter beinhalteten, wurde so gleichwohl historisch die alte rechtliche Abhängigkeit durch eine neue soziale Abhängigkeit abgelöst, die sich von der Form her kaum von der alten unterschied.

1.2 Die Konfrontation mit dem Westen

1793 überbrachte Lord Macartney dem Minister und ersten Berater des Qianlong-Kaisers, Heshen, den Wunsch Großbritanniens nach Ausweitung der Handelsbeziehungen. Der zunehmende Teeimport zog immer mehr Geld (Silber) aus Großbritannien nach China ab. Zum Ausgleich der Handelsbilanz wollten die Briten ihre Industrieprodukte in China verkaufen. Der 81-jährige Kaiser hatte seit fast zwei Jahrzehnten die Amtsgeschäfte zunehmend in die Hände Heshens gelegt, der bis zu seiner Hinrichtung nach Qianlongs Tod öffentliche Gelder in mehrfacher Höhe eines Staatshaushalts veruntreut haben soll: für sich selbst sowie für ein System der Beeinflussung und Korruption der Beamtenschaft.

Unter Qianlong hatte sich so die lange erfolgreich bekämpfte Korruption in der Verwaltung wieder ausgebreitet. Es entstand eine Spirale des Niedergangs: Wenn Steuereinnahmen stockten, wurden die Steuern erhöht und ihre Eintreibung verschärft. Es kam zu Aufständen, deren Niederschlagung 1795–1804 (Rebellion des Weißen Lotus) wiederum ein Vielfaches des Staatshaushaltes kostete und die Situation nur noch weiter verschärfte. Die Korruption wurde systematisiert, z.B. durch den Ämterverkauf, der eigentlich nur im Verkauf der Titel der Ämter bestand, mit denen der Inhaber die Bevölkerung ausbeuten konnte, während er die dem Amt innewohnenden Veraltungsaufgaben gar nicht erfüllte.

Wirtschaftliche Entwicklung

Erste Anfänge eines eigenen Weges in die Industrialisierung gab es in China schon am Ende der Ming-Zeit (um 1600), als es in einigen Städten wie der damaligen Metropole Hangzhou eine Textilproduktion auf der Basis des auch in Europa bekannten Verlagssystems, aber auch bereits durch Manufakturen gab. Bei der Entwicklung der Webtechnik war China wie in vielem anderen auch Europa zunächst weit voraus, doch kamen nicht alle Faktoren zusammen, die in England im 18. Jahrhundert die Initialzündung zur Industrialisierung bewirkten. So hatte die hundertjährige Übergangsperiode, bis ganz China der Mandschu-Herrschaft unterworfen war, den aufkeimenden „Kapitalismus" zerstört. Ein Neuanfang führte immerhin dazu, dass in der 1. Hälfte des 19. Jahrhunderts in Nanjing (Nanking) Seidenwerkstätten mit bis zu 500 Webstühlen existierten.

5 **Amtsstempel der Qing-Dynastie**
Inschrift mandschurisch (links) und chinesisch (rechts)

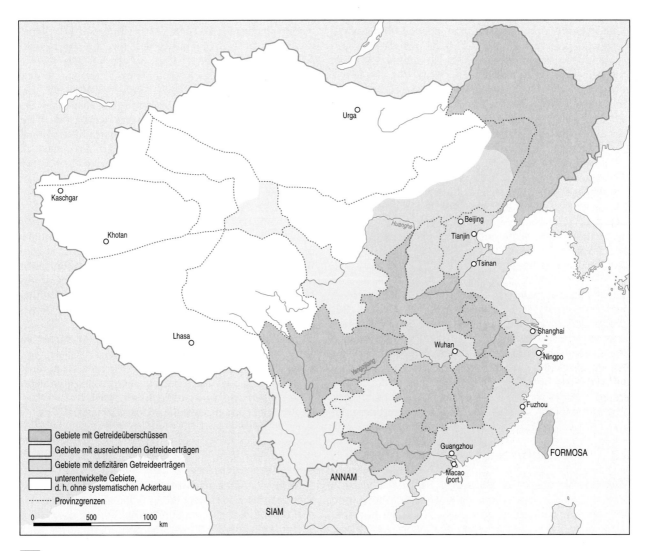

6 Landwirtschaftliche Produktion in China Ende des 18. Jahrhunderts

Innere und äußere Faktoren waren dafür verantwortlich, dass diese eigenständige Entwicklung abbrach. Neben objektiven Faktoren, z. B. die Tatsache, dass die Kohlevorkommen geographisch ungünstig lagen, sind gesellschaftlich-politische Hemmnisse zu nennen: So gab es in China staatliche Binnenzölle – ein Paradox angesichts der politischen Einheit –, die eine über den lokalen Markt hinausgehende Produktion hemmten. Außerdem stellten sich die Handwerkerzünfte dem Prozess der Arbeitsteilung und der Entwicklung eines freien Marktes entgegen und wurden darin von der Regierung unterstützt. Diese hatte kein Interesse an einer Entwicklung, die die traditionale Gesellschaft, deren Grundlage auch hinsichtlich der Besteuerung auf dem Lande lag, in Frage gestellt hätte. Das zentralistische Regierungssystem mit seinem das Land überziehenden Beamtensystem war ein konservatives Element, das kaum Veränderung zuließ.

Vom Teehandel zum Opiumkrieg

Europäische Handelsniederlassungen wurden in Kanton (Guangzhou) toleriert und weitergehende Versuche der Portugiesen, Holländer und Engländer, sich an der Küste festzusetzen, zunächst mit wenigen Ausnahmen vereitelt. Ein besonderes Verhältnis entwickelte sich zu Russland, das durch seine Expansion als einzige europäische Macht direkter Nachbar Chinas wurde, mit dem man bis Anfang des 19. Jahrhunderts mehrere Verträge auf der Basis der Gleichberechtigung schloss.

Ende des 18. Jahrhunderts musste sich der britische Kolonialhandel neu orientieren. Da die Nachfrage nach Tee in England rapide wuchs und die Handelsbilanz gegenüber China immer defizitärer wurde, floss immer mehr britisches Silbergeld nach China. Für Großbritannien hatte die East India Company das Handelsmonopol inne (bis 1833). Diese traf im „Nadelöhr" Kanton, über das der chinesische Außenhandel abgewickelt wurde, auf vom chinesischen Kaiser privilegierte Handelsgesellschaften (hang, von den Europäern Hong genannt), die sich 1720 zu einem Kartell (Cohong) zusammenschlossen. Diese enge Verbindung zwischen europäischen und chinesischen Kaufleuten sowie den für den Handel zuständigen chinesischen Zollbehörden ermöglichten neben den legalen auch illegale Geschäfte. So fand man außer der indischen Baumwolle, für die China ein echtes Interesse angesichts einer eigenen entstehenden Textilindustrie hatte, auch das Opium aus Nordindien und Afghanistan als ideales Handelsobjekt. Trotz vieler seit Beginn des 19. Jahrhunderts erlassener Opiumverbote in China wurde es in rasant steigendem Maße eingeschmuggelt (▶ *vgl. Tee und Opium: M 14*).

Der Einfluss des Opiums, der Droge wie des damit verbundenen Geschäfts, erfasste die chinesische Gesellschaft in einem weltgeschichtlich einmaligen Ausmaß und reichte bis an den kaiserlichen Hof. Mitte der 1820er-Jahre kehrte sich auch die Handelsbilanz zum Nachteil Chinas um, so dass ein wirtschaftlicher Niedergang hinzukam. Als 1838 der kaiserliche Bevollmächtigte Lin Zexu in Kanton gegen den Opiumimport vorging (*siehe M19*) und das in den britischen Lagern beschlagnahmte Opium vernichten ließ, eröffnete Großbritannien eine Militäraktion gegen China mit der Begründung des Schadens an britischem Eigentum.

Die ungleichen Verträge

1840 erreichte die britische Interventionsflotte den Perlfluss. Obwohl der Daoguang-Kaiser seine Haltung geändert, Lin Zexu entlassen hatte und den Briten Verhandlungen anbot, setzten sie sich militärisch an der Küste fest und forderten außer Schadensersatz die Abtretung der Insel Hongkong. Daraufhin schwenkte der Kaiser wieder um und erklärte seinerseits den Briten den Krieg. Doch Verrat und Korruption in den eigenen Reihen machten es dem militärisch überlegenen Gegner noch leichter. Am 29.11.1842 unterschrieben kaiserliche Gesandte an Bord eines britischen Kriegsschiffes vor Nanjing den ersten einer Reihe von in China so genannten ungleichen Verträgen: China musste nicht nur Hongkong an Großbritannien abtreten, sondern auch fünf Handelshäfen öffnen: Kanton, Xiamen, Fuzhou, Ningbo, Shanghai (▶ *M20*). In den Folgejahren konnte Großbritannien seine Rechte in diesen Häfen durch Zusatzverträge ausbauen. 1844 folgten Frankreich und die USA dem britischen

Vorbild und Russland nutzte die Schwäche Chinas, um Zug um Zug Grenzgebiete im Westen und im Nordosten, am Amur (chin. Heilongjiang), zu erobern (Vertrag von Bejing, 1860).

Unter einem neuen Vorwand – bei der Verfolgung von Piraten hätten die Chinesen ein britisches Schiff überfallen und die „britische Flagge entehrt" – eröffnete Großbritannien 1856/57 eine neue militärische Intervention, unterstützt von Frankreich, dem die Ermordung eines französischen Missionars als Rechtfertigung diente. Die Truppen rückten im Nordosten nach Tianjin vor. 1858 musste China weitere Zugeständnisse unterschreiben (Vertrag von Tianjin), so auch die Legalisierung des bislang offiziell noch verbotenen Opiumhandels und Freiheit für die Missionare in ganz China. Russland und die USA nutzten die Situation, um ebenfalls weitere Konzessionen zu erpressen. Immer mehr Vertragshäfen kamen dazu – in den folgenden Jahrzehnten stieg ihre Zahl auf knapp achtzig. Die Kolonialmächte sicherten sich weitgehende Rechte in exterritorialen Gebieten sowie darüber hinaus gehende Einflusszonen mit Privilegien im jeweiligen Umland. Schließlich standen die Küsten und schiffbaren Flüsse Chinas zivilen und militärischen Schiffen der Kolonialmächte offen, damit war der Handel weitgehend in ihrer Hand. Zaghafte Versuche der kaiserlichen Regierung, Widerstand zu leisten, wurden 1860 durch eine britisch-französische Strafexpedition nach Bejing beantwortet. Die kaiserliche Familie floh aus der Stadt. Im Bestreben, ein Zeichen zu setzen, zerstörten die Europäer den Neuen Sommerpalast (Yuan-ming-yuan), den der Qianlong-Kaiser von einem jesuitischen Architekten hatte erbauen lassen und der westlichen und chinesischen Stil in sich vereinte.

1.3   Die Aufstände im Inneren

Zwanzig Jahre Bürgerkrieg

Die sozialen Folgen des wirtschaftlichen Niedergangs und der Auseinandersetzungen mit den europäischen Mächten führten zu einer Kette von Aufständen in China, von denen die Taiping-Rebellion nur die größte war. Der Druck von außen und die Schwäche der Zentralregierung ließen die inneren Spannungen ausbrechen. Schon in früherer Zeit hatten sich Geheimgesellschaften gebildet, die religiös motiviert waren. In diesen auch Triaden genannten Geheimgesellschaften kamen auch Ideen hinzu, die später als „sozialistisch" interpretiert wurden, und verbanden sich mit dem Hass auf die Fremdherrschaft der Mandschus. Darüber hinaus erhoben sich nationale und religiöse (d.h. muslimische) Minderheiten in China, so dass auf dem Höhepunkt der beiden großen Aufstandsjahrzehnte 1844–1864 mehr als die Hälfte des Gebietes des traditionellen Kernlandes im Aufstand gegen die Zentralmacht war.

Wie sehr Religion, soziale Utopien, politische Überzeugungen und konkrete Nöte sich zu einem explosiven Gemisch verbinden konnten, zeigt der Taiping-Aufstand. Angeführt wurde er von Hong Xiuquan (1814–1864), einem aus einer Bauernfamilie aus Guangdong stammenden Intellektuellen, dem die Eltern unter Mühen ein Studium finanziert hatten. Nachdem er zum dritten Mal bei der untersten der staatlichen Beamtenprüfungen durchgefallen war, verfiel er in einen vierzig Tage andauernden Trancezustand. Darin soll er, wie er später erzählte, eine Offenbarung im Himmel erlebt und seine Herkunft als zweiter Sohn Gottes, also als jüngerer Bru-

der von Jesus, erfahren haben. Diese Offenbarung wurde 1843 ergänzt durch das Buch eines chinesischen Konvertiten, in dessen apokalyptischen Visionen Hong China als das wahre gelobte Land Gottes und für sich selbst den Auftrag der Erlösung der Welt erkannte.

In einer Mischung aus Missionar und Bauernführer scharte Hong Anhänger um sich, gründete die „Gesellschaft zur Verehrung Gottes" (Bai shang di hui) und zog durch die Provinzen im Inneren Chinas. Dabei trafen sie auf eine bereits ausgebrochene Bauernrevolte in Guangxi, die Hong unter seiner Führung zum bewaffneten Aufstand ausweiten konnte (Januar 1851). Er nannte nun seine Organisation Taiping Tianguo (Himmlisches Reich des Friedens) und sich selbst „Himmelskönig". Im Laufe der beiden folgenden Jahre konnte die Taiping-Armee die kaiserlichen Truppen mehrfach schlagen, die Gebiete entlang des Yangzi (Yangtse) erobern und im Januar in Nanjing einmarschieren, das unter dem Namen Tianjing (Himmlische Hauptstadt) zur Hauptstadt der Revolution wurde. In den weiteren militärischen Auseinandersetzungen griff 1855 auch ein britisch-französisches Heer auf Seiten des Kaisers ein und befreite Shanghai von den Aufständischen der „Gesellschaft der Kleinen Schwerter". Dennoch hatten die Taiping zunächst weitere militärische Erfolge. Doch deren Führung nahm immer mehr kaiserliche Hofmanieren an, zerstritt sich und spaltete die militärischen Kräfte. Nach dem Ende des 2. Opiumkrieges unterstützten die europäischen Mächte den Kaiser bei der Niederschlagung

1

des Aufstandes. Im Juni 1864 wurde Nanjing unter der Führung von Zeng Guofan zurückerobert, einem Großgrundbesitzer, der zuvor als scharfer Kritiker der Verhältnisse gegenüber dem Kaiser aufgetreten war (▶ M 24). Versprengte restliche Truppen der Taiping konnten sich noch bis 1868 im Landesinneren behaupten und auch andere Aufstände gingen noch weiter. Doch die Gefahr einer Revolution war gebannt, der Bürgerkrieg hat wahrscheinlich zwanzig Millionen Chinesen das Leben gekostet.

7 Demographische Entwicklung
Die Statistik berücksichtigt die 18 traditionellen Provinzen.

Datum	Kaiser	Steuerpflichtige Familien*	Familienmitglieder*
1711	Kangxi	20 111 380	
1736	Qianlong	24 689 468	
1743	ders.	26 016 292	
1753	ders.	37 784 952	102 827 618
1761	ders.		198 214 553
1792	ders.		307 467 200
1812	Jiajing		360 279 597
1850			ca. 430 000 000

* Die beiden Kategorien gehen auf unterschiedliche Berechnungsgrundlagen in den Statistiken zurück.

Nach chinesischen Quellen aus: Pauthier/Bazin: Chine moderne ou description historique, géographique et littéraire de ce vaste empire, d'après des documents chinois. Paris 1855, S. 190. – www.gallica.fr. Dok. N0030785_PDF_1_712.pdf/Jacques Gernet: Die chinesische Welt. Frankfurt a. M. 1979, S. 411 (= Angabe zu 1850).

8 Landwirtschaftliche Situation 1786

Gebiet	Bevölkerung	Anteil in %	Fläche (km²)	Anteil in %
Gebiete mit Getreideüberschüssen	131 356 000	45	2 118 500	48
Gebiete mit ausreichender Selbstversorgung	25 723 000	8	1 235 500	28
Gebiete mit unzureichender Getreideproduktion	135 912 000	47	1 051 950	24
Insgesamt (Getreideanbauzonen)	290 991 000	100	4 405 950	100

Nach chinesischen Quellen in: Ramon H. Myers/Yehchien Wang: Economic Developments, 1644–1800. In: Willard J. Peterson (Hg.): The Cambridge History of China, Vol. 9, Part One. Cambridge 2002, S. 568.

9 Höhe und Art der Steuereinnahmen unter den Qing bis 1766

	Grund- und Kopfsteuer		Salzsteuer		Handelssteuer	
	in Mio liang	% der ges. Einnahmen	in Mio liang	% der ges. Einnahmen	in Mio liang	% der ges. Einnahmen
1653	21,28	87	2,13	9	0,114	4
1685	27,27	88	2,76	9	0,12	4
1725	30,07	58	4,43	12	1,35	4
1753	29,38	73	7,01	17	4,30	10
1766	29,91	73	5,74	14	5,40	13

Aus: Jacques Gernet, a. a. O., S. 410.

10 Daten zu den 18 Provinzen und zum Steueraufkommen in der 1. Hälfte des 19. Jahrhunderts

	Provinz	Fläche in km²	Bevölkerungszahl 1812	Agrarflächen in ha	Grund- und Kopfsteuer 1844 in liang	Ges. Steuereinnahmen* 1844 in liang	Davon an die Zentralregierung abgeführt
1	Zhili (Hebei)	150 909,44	27 990 871	5 752 460	2 488 648	3 079 870	1 939 941
2	Shandong	166 666,24	28 958 764	5 918 070	3 376 165	3 597 126	2 730 736
3	Shanxi	141 486,08	14 004 210	3 319 275	2 990 675	3 591 566	2 702 285
4	Henan	166 666,24	23 037 171	4 326 875	3 164 758	3 209 708	2 441 110
5	Jiangsu	zus. mit (6):	37 843 501	4 325 369	3 116 826	zus. mit (6):	2 564 728
6	Anhui	237 212,16	34 168 059	2 486 212	1 718 824	7 975 347	1 194 914
7	Jiangxi	184 770,56	23 046 999	2 842 446	1 878 682	2 142 776	1 602 431
8	Fujian	136 908,80	14 777 410	836 602	1 074 489	1 286 133	1 055 209
9	Zhejiang	100 224,00	26 256 784	2 790 022	2 914 946	3 646 257	2 287 346
10	Hubei	zus. mit (10):	27 370 098	3 631 113	1 174 110	1 315 868	776 173
11	Hunan	370 611,20	18 652 207	1 894 895	882 745	962 318	944 422
12	Shaanxi	zus. mit (12):	10 207 256	1 840 651	1 658 700	1 699 323	1 344 548
13	Gansu	394 260,48	15 193 125	1 424 361	280 652	380 889	182 644
14	Sichuan	426 905,00	21 435 678	2 792 828	631 094	662 856	306 366
15	Guangdong	203 407,36	19 174 030	1 922 090	1 264 304	1 474 754	719 307
16	Guangxi	200 320,00	7 313 895	538 562	416 399	516 213	278 559
17	Yunnan	276 400,64	5 561 320	558 907	209 582	243 848	188 927
18	Guizhou	165 258,24	5 288 219	166 655	101 268	134 934	53 346
	Summe	**3 322 006,44**	**360 279 597**	**47 367 393**	**29 342 867**	**35 919 786**	**23 312 992**
	Zusätzliche Naturalabgaben**:					4 119 285	4 119 285
	Summe insgesamt					**40 039 071**	**27 432 277**

*inkl. Salzsteuer, Zolleinnahmen u. a.
**gemessen in shi (= Volumenmaß) und umgerechnet nach der Formel 1 shi = 1 liang

Nach chinesischen Quellen aus: Pauthier/Bazin, a. a. O., S. 188 f.

11 Umrechnung der chinesischen Währung in £ Sterling

1844 wurde von Großbritannien in Hongkong folgender Umrechnungskurs zwischen der chinesischen Handelswährung (als Dollar bezeichnet) und der Inlandswährung (liang oder tael, Recheneinheit in Silber) festgesetzt: 1 Hongkong $
5 (oder 1 Kanton $) = 0,717 tael. Der chinesische Dollar entsprach dem spanischen bzw. mexikanischen Dollar (Peso), die ebenfalls weiterhin im Umlauf waren.
Wechselkurs des chin. $ in London inkl. Wechselgebühren (6 Monate Laufzeit) 1844: 1 chin. $ = 0,2 £. Daraus ergibt
10 sich folgende Umrechnung tael in £: 1 tael = 0,16 £. 1848 wurde der Shanghai Tael direkt in London nach den genannten Bedingungen zu folgendem Kurs gehandelt: 1 tael = 0,22 £. Später sank der Kurs auf ca. 0,14 £.

Ein Vergleich des Feinsilberanteils zwischen dem Shanghai-Tael, der hier stellvertretend für die chinesischen 15 Münzen stehen soll, mit dem Pfund Sterling ergibt Folgendes: 1 tael = 33,92 g / 1 £ = 112,8 g Feinsilber. Aus dem Verhältnis des Silbergehalts ergibt sich ein Vergleichswert zwischen den Währungen von: a) 3,325 tael = 1 £ oder b) 1 tael = 0,3007 £. 20

Vgl. Jürgen Schneider / Oskar Schwarzer / Friedrich Zellfelder / Markus A. Denzel (Hg.): Währung der Welt IV. Asiatische und australische Devisenkurse im 19. Jahrhundert. Stuttgart (Steiner) 1992, S. 12 ff., 98, 151. Mit Dank an Shan Kunqin, Universität Tübingen.

12 Zum Vergleich: Daten zum Staatshaushalt Großbritanniens 1844

Gesamteinnahmen in £	davon: Zolleinnahmen	Steuer auf Grundbesitz	Vermögens- und Einkommenssteuer*	Ausgaben für die Navy
56 700 000	22 600 000	4 400 000	5 300 000	6 200 000

* 1843 eingeführt

Aus: B. R. Michell: Abstract of British Historical Statistics. Cambridge Univ. Press 1962, S. 392 f., 396 f.

13 Besitzverhältnisse in einem Dorf in Jiangsu

Eigentumsverhältnisse Größe des Grundbesitzes	Zahl der Haushalte	% des gesamten Grundbesitzes	% aller Haushalte
Pächter, d. h. ohne eigenes Land	86	0	78,9
0,5 – 5,5 mou	10	5,5	11,9
13,7 – 18,0 mou	2	3,5	11,9
43 mou	1	96,56,5	9,2
251 – 3 347 mou	10	96,6	9,17
Total:	109	100 % = 3 250 mou	100

23 Haushalte zahlten Steuern für gesamte Fläche von 3 250 mou.

Nach chinesischen Quellen aus: Cambridge History of China (siehe oben), S. 614.

14 Handelsbeziehungen zwischen Großbritannien und China: Tee und Opium

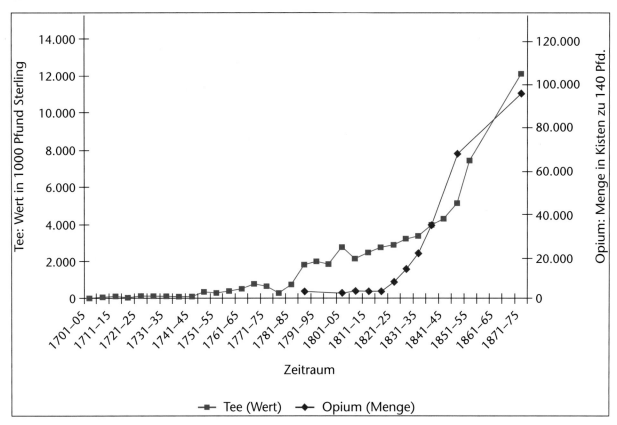

Tee: Deklarierter Wert in 1 000 Pfund Sterling. Jährliche Mittelwerte in Fünfjahresperioden. Erstellt nach den Angaben in: B. R. Michell: Abstract of British Historical Statistics. Cambridge 1962, S. 285 ff. (Overseas Trade 4).

Opium: Menge an Kisten zu ca. 140 Pfd. Gewicht. Jährliche Mittelwerte in Fünfjahresperioden. Für den Zeitraum 1801–1840 aus: Jürgen Osterhammel: China und die Weltgesellschaft. München 1989, S. 140, nach Greenberg (siehe unten), S. 221. / Angaben zu 1790, 1850 und 1873 aus: Gernet, a. a. O., S. 450 f.

Durchschnittlicher Wert einer Opiumkiste 1821–24: 1462 $, d. h. ca. 10 $ pro Pfd. Gewicht.

Nach Micheal Greenberg: British Trade and The Operning of China 1800–42. Cambridge 1951, S. 129.

導黑水副圖

15 Deicharbeiten am Schwarzen Fluss
Zeitgenössischer Holzschnitt aus der Qing-Zeit

16 Aus einem französischen Bericht über China im Jahre 1825

Aus demselben Land (China) ist im 18. Jahrhundert die Kunst der Porzellanherstellung zu uns gekommen [...]. In derselben Epoche wurden mehrere andere Erfindungen von den Missionaren berichtet, und darunter [...] der Ge-
5 brauch von natürlichem Gas zur Beleuchtung der Städte, indem man es durch Schläuche in die Straßen leitete, die Verwendung von Eisen zum Bau von Hängebrücken; aber zunächst schenkte man diesen Hinweisen wenig Aufmerksamkeit. Der Gebrauch des Gaslichts wurde fast schon in
10 Zweifel gezogen und die Erfindung der Hängebrücken [...] als unnütz kritisiert. Fast ein Jahrhundert später sind diese Erfindungen bei uns wieder aufgetaucht, und zwar als neue Entdeckungen. [...]
Die Chinesen zeichnen sich in der Stickerei, der Färbe-
15 rei, den Lackarbeiten aus. In Europa werden bestimmte Arbeiten ihrer Kunstfertigkeit nur unvollkommen nachgeahmt, ihre lebhaften und beständigen Farben, ihr gleichermaßen festes und feines Papier, ihre Tinte und eine Unzahl anderer Dinge, die Geduld, Sorgfalt und Geschick-
20 lichkeit verlangen. Sie reproduzieren gerne Modelle, die sie aus fremden Ländern beziehen: Sie kopieren sie mit akribischer Genauigkeit und einer sklavischen Treue zum Original. Sie fabrizieren sogar eigens für die Europäer Gegenstände nach deren Geschmack, wie Figuren aus Ton,
25 Jade, Speckstein, Porzellan oder aus bemaltem Holz; und die Arbeitskraft ist so billig bei ihnen, dass es oft vorteil-

haft ist, bei ihnen Arbeiten zu bestellen, die europäische Handwerker nur unter großen Kosten ausführen könnten.
Abel Remusat: Nouveaux mélanges asiatiques. t.1, Paris 1825, p.23, 24. Zit. nach: Pauthier/Bazin, a.a.O., S.622. Übers. v. W. Geiger.

17 Brief des Qianlong-Kaisers an den britischen König Georg III., 1793

Lord Macartney überbrachte das Gesuch Großbritanniens, den Handel durch den Import britischer Manufakturwaren auszuweiten und dafür eine ständige diplomatische Vertretung einzurichten:
Was Euer dringendes Gesuch angeht, einen Eurer Untertanen abzuordnen, dass er an meinem Himmlischen Hof akkreditiert werde und die Kontrolle über den Handel Eures Landes mit China ausüben soll, so steht diese Bitte im Gegensatz zu den Gewohnheiten meiner Dynastie und kann 5 nicht in Erwägung gezogen werden. [...]
Ihr versichert, dass Eure Hochachtung für Unsere Himmlische Dynastie Euch mit dem Wunsch nach unserer Kultur erfüllt. Doch muss darauf hingewiesen werden, dass unsere Gebräuche und Gesetzgebung sich so vollständig 10 von den Euren unterscheiden, dass, selbst wenn Euer Gesandter in der Lage wäre, die Ansätze unserer Kultur aufzunehmen, unsere Gewohnheiten und Sitten unmöglich in Euern fremden Boden verpflanzt werden könnten. Daher würde durch die Bestellung eines Botschafters nichts 15 gewonnen werden, wie geschickt er auch sein würde. Meine Herrschaft über die weite Welt hat das eine Ziel, vollkommen zu regieren und die Staatspflichten zu erfüllen: Fremde und kostspielige Gegenstände interessieren mich nicht. 20
Wenn ich die von Euch, o König, gesandten Tributgaben annehmen ließ, so geschah das lediglich in Anbetracht der Gesinnung, die Euch veranlasste, mir diese von weither zu senden. Der hervorragende Ruf unserer Dynastie ist in jedes Land unter dem Himmel gelangt, und Herrscher 25 aller Völker haben ihre Tributgabe auf dem Land- und Seeweg überbracht. Wie Euer Gesandter mit eigenen Augen sehen kann, besitzen wir alles. Ich lege keinen Wert auf Gegenstände, die fremdländisch oder geschickt erfunden sind, und ich habe keine Verwendung für die Produktion 30 Eures Landes. Dieses ist nun meine Antwort auf Eure Bitte, eine Vertretung an meinem Hof zu ernennen, eine Bitte, die in Gegensatz zu unserem dynastischen Brauch steht, und die nur Schwierigkeiten für Euch selbst zur Folge haben würde. 35
Ich habe meine Wünsche im Einzelnen dargelegt und Eurem Abgesandten empfohlen, in Frieden heimzureisen. Es schickt sich, König, meinen Willen zu achten und mir in Zukunft noch größere Verehrung und Loyalität zu erweisen, so dass Ihr durch ständige Unterwerfung unter unseren 40 Thron Frieden und Wohlwollen für Euer Land sichert.
Zit. nach: Günter Schönbrunn (Bearb.): Geschichte in Quellen, Bd.5. München (bsv) 1980, S.531f.

18 Klage des chinesischen Vizekönigs* über den negativen Einfluss der europäischen Handelsniederlassungen, 14. Dezember 1807

The viceroy of Liang-Kwang, Wu Hsiüng-kuang, memorialized:
Your servant humbly observed that the morality of the Cantonese is rather low [...] Perhaps because all sorts of people throng both to the provincial capital and to the Fo-shan-chen. Foreign money is used in business and is circulated throughout the province. Therefore, not only 5 do the common people desire to obtain money and do

1

all they can to get it, but the gentry talk of nothing else but money. Bad habits such as disseminating poisonous opium in the Interior, building gambling houses to seduce good people, and propagating the heresy of the Western religion which can allure the minds and hearts of the people, are perhaps the results, all due to the fact that foreign money corrupts the people of Kwangtung.

Moreover, the present circulation of money in Kwangtung is as follows: We must exchange our sycee (wen-yin)** into foreign money, then exchange the foreign money into our coinage. Therefore, the barbarians can exert a subtle influence on our national currency. This is a matter of great political importance for our Empire.

In North China, foreign money is seldom used as currency. However, in Kiangsu, Chekiang, Kiangsi, and Fukien, many people use it. Since Kwangtung is near the native lands of the foreigners, it is difficult to stop its circulation. First we can start by prohibiting foreign money in the provinces. Now Your servant ventures to petition for an edict ordering the viceroys and governors in Kiangsu and Chekiang to have foreign money melted into sycee before it can be circulated. The prohibition against foreign money should start in Kiangsu and Che-kiang, next in Kiangsi, then Kwangsi, and later in Fukien. Gradually, we will prohibit its circulation until foreign money cannot pass outside of Kwang-tung.

*Die Vizekönige vertraten den Kaiser in den verschiedenen Landesteilen und stammten aus der kaiserlichen Familie.

**kleinere Münzeinheit

Lo-Shu Fo: A Documentary Chronicle of Sino-Western Relations (1644–1820). Tucson 1966, S. 369, (Doc. 12:11:16).

19 **Lin Zexu's Moral Advice to Queen Victoria, 1839**

The kings of your honorable country by a tradition handed down from generation to generation have always been noted for their politeness and submissiveness. We have read your successive tributary memorials saying, „In general our countrymen who go to trade in China have always received His Majesty the Emperor's gracious treatment and equal justice," and so on. Privately we are delighted with the way in which the honorable rulers of your country deeply understand the grand principles and are grateful for the Celestial grace. For this reason the Celestial Court in soothing those from afar has redoubled its polite and kind treatment. The profit from trade has been enjoyed by them continuously for two hundred years. This is the source from which your country has become known for its wealth.

But after a long period of commercial intercourse, there appear among the crowd of barbarians both good persons and bad, unevenly. Consequently there are those who smuggle opium to seduce the Chinese people and so cause the spread of the poison to all provinces. Such persons who only care to profit themselves, and disregard their harm to others, are not tolerated by the laws of heaven and are unanimously hated by human beings. His Majesty the Emperor, upon hearing of this, is in a towering rage. He has especially sent me, his commissioner, to come to Kwangtung, and together with the governorgeneral and governor jointly to investigate and settle this matter.

All those people in China who sell opium or smoke opium should receive the death penalty. If we trace the crime of those barbarians who through the years have been selling opium, then the deep harm they have wrought and the great profit they have usurped should fundamentally justify their execution according to law. We take into consideration, however, the fact that the various barbarians have still known how to repent their crimes and return to their allegiance to us by taking the 20,183 chests of opium from their storeships and petitioning us, through their consular officer [superintendent of trade], Elliot, to receive it. It has been entirely destroyed and this has been faithfully reported to the Throne in several memorials by this commissioner and his colleagues. [...] Having established new regulations, we presume that the ruler of your honorable country, who takes delight in our culture and whose disposition is inclined towards us, must be able to instruct the various barbarians to observe the law with care. [...] Let us ask, where is your conscience? I have heard that the smoking of opium is very strictly forbidden by your country; that is because the harm caused by opium is clearly understood. Since it is not permitted to do harm to your own country, then even less should you let it be passed on to the harm of other countries – how much less to China! Of all that China exports to foreign countries, there is not a single thing which is not beneficial to people: they are of benefit when eaten, or of benefit when used, or of benefit when resold: all are beneficial. Is there a single article from China which has done any harm to foreign countries? Take tea and rhubarb, for example; the foreign countries cannot get along for a single day without them. [...] As for other foodstuffs, beginning with candy, ginger, cinnamon, and so forth, and articles for use, beginning with silk, satin, chinaware, and so on, all the things that must be had by foreign countries are innumerable. On the other hand, articles coming from the outside to China can only be used as toys. We can take them or get along without them. Since they are not needed by China, what difficulty would there be if we closed the frontier and stopped the trade? Nevertheless our Celestial Court lets tea, silk, and other goods be shipped without limit and circulated everywhere without begrudging it in the slightest. This is for no other reason but to share the benefit with the people of the whole world.

The goods from China carried away by your country not only supply your own consumption and use, but also can be divided up and sold to other countries, producing a triple profit. Even if you do not sell opium, you still have this threefold profit. How can you bear to go further, selling products injurious to others in order to fulfill your insatiable desire?

Ssu-yü Teng/John K., Fairbank (Hg.): China's Response to the West. A documentary survey 1839–1923. Cambridge (USA) 1954, S. 24–26.

20 **Aus dem Vertrag von Nanjing vom 29. August 1842**

Artikel I. Es soll künftig Frieden und Freundschaft herrschen zwischen Ihrer Majestät, der Königin des Vereinigten Königreiches von Großbritannien und ihren Untertanen, die in den Dominien des anderen volle Sicherheit und Schutz ihrer Person und ihres Hab und Guts genießen sollen.

Artikel II. Seine Majestät, der Kaiser von China, erklärt, dass es britischen Untertanen erlaubt sein soll, sich unbelästigt und unbehindert mit ihren Familien und ihrem Inventar in den Städten und Ortschaften Kanton [=Guangzhou], Amoy [=Xiamen], Fuzhou, Ningbo und Shanghai niederzulassen zu dem Zweck, dort Handel zu treiben. Ihre Majestät, die Königin von Großbritannien etc., wird Superintendenten oder Konsularbeamte ernennen, die in jeder der oben genannten Städte und Ortschaften residie-

ren, als Vermittler zwischen den chinesischen Behörden und besagten Kaufleuten fungieren und dafür sorgen, dass die oben genannten Verpflichtungen und die anderen in diesem Vertrag festgelegten Verpflichtungen der chine-
20 sischen Regierung gegenüber den Untertanen Ihrer britischen Majestät erfüllt werden.
Artikel III. Da es erforderlich und wünschenswert ist, dass den britischen Untertanen ein Hafen zur Verfügung steht, in dem sie ihre Schiffe auf Kiel legen können und,
25 wenn notwendig, wieder instand setzen können und zu diesem Zweck Lager unterhalten, überlässt Seine Majestät, der Kaiser von China, Ihrer Majestät, der Königin von Großbritannien etc., die Insel Hongkong, auf dass sie in Ewigkeit Besitz Ihrer britischen Majestät, Ihrer Erben und
30 Nachfolger sei und den Gesetzen und Bestimmungen unterliege, die Ihre Majestät, die Königin von Großbritannien etc., zu erlassen für notwendig erachtet. [...]
Artikel V. Während die chinesische Regierung die britischen Kaufleute, die sich in Kanton betätigt haben, bis-
35 her gezwungen hat, ausschließlich mit bestimmten chinesischen Händlern, genannt Hong-Händlern, zu verkehren, die zu diesem Zweck von der chinesischen Regierung lizensiert worden waren, verpflichtet sich der Kaiser von

China, diese Praxis künftig in allen Häfen abzuschaffen, in denen britische Kaufleute ansässig sind, und ihnen zu 40 gestatten, ihre Geschäfte mit jedem Beliebigen zu tätigen. [...]
Artikel VIII. Der Kaiser von China verpflichtet sich, bedingungslos alle Untertanen Ihrer britischen Majestät freizulassen (ob sie nun in Europa oder in Indien geboren sind) 45 [...].
Artikel X. Seine Majestät, der Kaiser von China, verpflichtet sich, in allen Häfen, die durch den zweiten Artikel dieses Vertrages britischen Kaufleuten geöffnet werden, Export- und Importzölle und andere Abgaben gerecht und 50 gleichmäßig zu erheben und ihre Höhe öffentlich der Allgemeinheit bekannt zu geben.
Ausgefertigt in Nanking, unterzeichnet und besiegelt von den Bevollmächtigten an Bord Ihrer britischen Majestät Schiff „Cornwallis", am 29. Tag des August 1842, überein- 55 stimmend mit dem chinesischen Datum, dem 24. Tag des siebten Monats im 22. Jahr von Taou Kwang.

Nach: Harley Farnsworth Mac Nair: Modern Chinese History. Selected Readings, Bd. 1. Shanghai 1927, S. 174. Aus: Klaus Mäding: China: Kaiserreich und Moderne. Cornelsen Kurshefte Geschichte, Berlin 2002, S. 94.

21 **Chinesische Opiumraucher,** Bild aus Thomas Allom (*siehe M 22*)

22 **Der Opiumhandel aus der Sicht eines Briten, 1843**
Kommentar von G. H. Wright zum Bild von Thomas Allom:
The rapidity with which the crime of opiumsmoking has spread over the empire, maybe recollected from the statement, that in 1821 only four thousand chests were in use, while upwards of twenty thousand were required, to satis-
5 fy the appetite for this narcotic drug, in the year 1832. Its deleterious and debasing effects were early known to the imperial government, and every means that benevolence could suggest, duly exercised to prevent its importation.

Upwards of forty years ago, the governor of Canton threatened, supplicated, the rejection of this dangerous import; 10 and finding moral sentiments ineffectual, artfully pointed at the monetary consideration; "Thus it is," says his proclamation, "that foreigners, by means of a vile and poisonous substance, derive from this empire the most solid profits and advantages; but that our countrymen should blindly 15 pursue this destructive and ensuring habit, even till death is the consequence, without being undeceived, is indeed a fact odious and deplorable in the highest degree." [...]

Yet this governor [= Provinzgouverneur] was himself no-
20 torious opiumsmoker. Increase of duty, threats of punish-
ment, and obviously ruinous effects upon the human frame,
were still unable to resist the passion, the mania for opium,
that in a few years absorbed the whole people of China:
and to such, an extent had the contraband and illegiti-
25 mate trade in this noxious drug proceeded, that when war
was recently declared against England by the Celestial Empire, the imports of opium exceeded the exports of tea by
three millions of dollars' value annually, which balance
of trade in our favour was paid in silver. [...]

30 It may be asked, can no remedies be discovered for a vice
so deplorable, a disease so corroding to the heart of the
nation? Yes, let the Chinese abolish despotism, enlarge
the liberty of the people, remove prohibitory duties, cul-
tivate foreign commerce, establish philanthropic insti-
35 tutions and receive the Gospel; then will the distinction
between virtue and vice, truth and falsehood, honour and
shame, be understood, and the duties of the public censor
become less onerous and more valuable.

G. H. Wright in: Thomas Allom: China Illustrated. London 1843. Zit.
nach: http://www.chinese-outpost.com/history/thomas-allom-china-
illustrated/chinese-opium-smokers.asp

23 Die Offenbarungsvision von Hong Xinquan

*(alte Schreibweise: Hung Hsiu-ch'üan). Hong schreibt hier über sich
selbst in der 3. Person.*
Als der Wahre Herr (d. i. Hung Hsiu-ch'üan) 25 Jahre alt
war (nach chinesischer Zählung), sah er am ersten Tag des
dritten Monats im Jahre ting-yu in der Stunde der Ratte
(5. 4. 1837, 11–13 Uhr) eine große Schar von Engeln vom
5 Himmel herabsteigen, um ihn emporzugeleiten. [...] Unser Himmlischer Vater führte den Wahren Herrn [hierauf]
im Himmel umher und zeigte ihm, auf welche Weise die
Teufel auf Erden die Leute verzaubern. [...] Da geriet der
Wahre Herr in Zorn und fragte unseren Himmlischen Va-
10 ter: Da sie doch [alle] so eifrig dem Bösen ergeben sind,
warum vernichtet Ihr sie da nicht? – Es gibt nicht nur
Teufel auf Erden, antwortet da unser Himmlischer Vater,
«sondern selbst in den 33. Himmel versuchen sie noch
einzudringen! – Vater. Ihr seid so allmächtig, rief da der
15 Wahre Herr aus, «dass Ihr ihnen Leben oder Tod geben
könnt. Warum erlaubt Ihr ihnen dann, hier einzudringen?
Aber unser Himmlischer Vater entgegnete: Lass sie nur eine Weile hier bleiben. Ich werde sie bald vertreiben. [...] Er
brachte hierauf zum Ausdruck, dass die bösen Tätigkeiten
20 der Teufel auf die Lehren des Konfuzius zurückzuführen
seien. [Gleichzeitig] gab er den Befehl, dass drei verschiedene Arten von Büchern aufgestellt würden, und zeigte sie
dem Wahren Herrn. Diese [erste] Abteilung, so sprach er,
umfasst die Bücher, die Ich selbst hinterlassen habe, wäh-
25 rend Ich bei Meinem Abstieg zur Erde Wunder wirkte; sie
sind wahrhaftig ohne Fehl. Die [zweite] Abteilung umfasst
die, die Ich Deinem älteren Bruder Christus gesandt habe, damit er sie auf Erden zurücklasse, als er hinabstieg,
um Wunder zu tun und sein Leben für die Erlösung der
30 Menschen aus der Sünde hinzugeben. Die [dritte] Abteilung schließlich umfasst die, die Konfuzius hinterlassen
hat. Es sind die nämlichen, die Du auf Erden studiert hast;
sie sind so voller Fehler, dass selbst Du von ihren Lehren
durcheinandergebracht worden bist. [...]
35 Nach Deiner Rückkehr auf die Erde, sagte ihm unser
Himmlischer Vater [als Letztes], wird es einige Jahre dau-
ern, ehe Du erwachst, doch das braucht Dich nicht zu
kümmern. Später wird Dir ein Buch gegeben werden, das

Dir das erklären soll, und wenn Du erst einmal die Wahrheit erkannt hast, wirst Du sogleich nach den Vorschriften 40
des Buches handeln und dadurch Fehler vermeiden, selbst
wenn die meisten Leute, gerade wenn Du danach han-
delst, Dich verleumden, beleidigen, verspotten und ver-
achten werden. [...] Als der Wahre Herr endlich Lebewohl
zu unserem Himmlischen Vater und zum Himmlischen 45
Älteren Bruder sagte, um auf die Welt hinunterzusteigen,
merkte man ihm an, dass ihn Angst überkam. Da sagte
unser Himmlischer Vater zu ihm: Fürchte Dich nicht! Du
musst mutig handeln! In jeder Schwierigkeit, mag sie von
links oder rechts oder von welcher Seite auch immer kom- 50
men, werde Ich Dir zu Hilfe eilen! Wovor solltest Du da
noch Angst haben? [...] Erst vierzig Tage, nachdem der
Wahre Herr am ersten Tag des dritten Monats zum Himmel aufgefahren war, kehrte er solchermaßen auf die Erde
zurück. 55

Zit. nach: Wolfgang Bauer: China und die Hoffnung auf das Glück. Pa-
radiese, Utopien, Idealvorstellungen in der Geistesgeschichte Chinas.
München (dtv) 21989, S. 386–389.

24 Eingabe an den Kaiser von Zeng Guofan, 1852

*Der Autor war hoher kaiserlicher Beamter und spielte später eine
führende Rolle bei der Niederschlagung des Taiping-Aufstandes.*
Der tugendhafte Wille des Weisen Herrschers dringt nicht
bis zum Volke durch, und die Nöte im Volk können nicht
an den Herrscher appellieren. Euer Minister nimmt sich
die Freiheit, sie einzeln aufzuzählen.
Erstens ist der Preis des Silbers zu hoch, und es ist schwer, 5
die Steuern zu bezahlen [...] In früheren Tagen war eine
Unze Silber eintausend Kupfermünzen wert, so dass man
für einen Pikul (60,5 kg) Reis drei Unzen Silber bekam.
Heutzutage ist eine Unze Silber zweitausend Kupfermünzen wert, so dass man für einen Pikul Reis nur eineinhalb 10
Unzen Silber bekommt. In früheren Tagen brachte der
Verkauf von drei Scheffeln (ein Scheffel 6,05 kg) Reis die
Grundsteuer für einen Morgen Land (etwa 600 qm) ein
und noch etwas darüber. Heutzutage ist der Verkauf von
sechs Scheffeln Reis noch nicht genug, um die Grundsteu- 15
er für einen Morgen Land zu bezahlen. Die Kaiserliche
Regierung hält natürlich an dem regulären Betrag der
jährlichen Steuer fest, aber die kleinen Leute haben, ohne
dass dies klar zutage tritt, die Steuer doppelt zu zahlen.
Außerdem betragen die nach dem Silberpreis gesondert 20
zu zahlenden Steuern, wie für Haus-Grundstücke oder für
Grabplätze, auch das Doppelte wie in früheren Tagen. [...]
[Die, die so wenig ernten], dass sie überhaupt nicht die
Kraft haben [zu zahlen] oder auf Grund der Ernteeinschät-
zung [zur Zahlung] gedrängt werden [müssen], sind un- 25
zählig. Die Kreis- und Distrikt-[Präfekten] erschöpfen ihre
ganze Kraft, um auf Zahlung der Steuern zu drängen. Weil
sie fürchten, dass nicht bezahlt wird, beordern sie häufig
Angestellte zu ihrer Unterstützung und senden subalterne
Beamte und Amtsdiener überallhin aus. Tag und Nacht 30
verfolgen und drängen diese mit Peitschen- und Stock-
schlägen [die säumigen Steuerzahler]. [...]
Vor 1835 wurde in Kiangsu der volle Steuerbetrag gezahlt.
Seit 1836 bis zur Gegenwart wird jedes Jahr eine Missernte
gemeldet, und jedes Jahr müssen Steuern gänzlich erlas- 35
sen oder gestundet werden. [...] So gibt es die Methode
des Abschneidens der Geldschnur*. Das Abschneiden der
Geldschnur bedeutet, dass bei der Frühlingssteuer im voraus die Herbststeuer mit eingetrieben wird, und dass in
diesem Jahre [bei der Herbststeuer] im Voraus die Geld- 40
schnur für das nächste Jahr abgeschnitten wird. [...].

In Kiangsi und Hukuang war die festgesetzte Steuersumme etwas leichter, aber seit der Verteuerung des Silberpreises wird die Steuerzahlung für das Volk immer bitterer, und
45 das Schreien und Drängen der Beamten wird immer grausamer. Manchmal, wenn die eigentliche Familie nicht bezahlen kann, werden wohlhabendere [Mitglieder] der gleichen Sippe festgenommen und für die Bezahlung an Stelle jener verantwortlich gemacht. Es kommt sogar so
50 weit, dass bisweilen ihre Verwandten festgenommen und ihre Nachbarn ins Gefängnis gesetzt werden. Das Volk hasst [die Beamten, die so etwas tun], und widersetzt sich ihnen. [...] Das ist eins, was Euer Minister Nöte im Volke nennt.
55 Zweitens sind Diebe und Räuber zu zahlreich, und es ist für die rechtschaffenen Leute schwierig, in Frieden zu leben. [...] In letzter Zeit wird berichtet, dass das Banditenunwesen immer mehr zunimmt. Am hellichten Tage plündern und rauben die Banditen und fangen Menschen,
60 um Lösegeld zu erpressen. Das Volk kann nicht umhin, sich deswegen an die Beamten zu wenden. Wenn dann die Beamten [Leute] ausziehen lassen, die Banditen zu arretieren, erlassen diese im Voraus eine Bekanntmachung, und wenn sie den Platz erreicht haben, erzählt der Dienst-
65 tuende der lokalen Selbstverwaltung ohne weiteres eine Lüge, dass die Banditen entflohen seien. Die Beamten lassen dann, um ihre Macht zu demonstrieren, in der Nachbarschaft Häuser der Bevölkerung abbrennen, und darauf ziehen sie ab. [...] Aber gesetzt den Fall, [...] dass Soldaten
70 ausgesandt werden, den Banditen gegenüberzutreten und sie zu arretieren, dann stehen die Soldaten und Amtsdiener gewöhnlich alle mit den Banditen in Verbindung, und zur gegebenen Zeit lassen sie die Banditen gegen Bestechung frei, so dass alle Spuren vollkommen verwischt
75 sind. Manchmal nehmen sie umgekehrt die Banditen als Vorwand, um die törichten Dorfbewohner einzuschüchtern und von ihnen die Zahlung schwerer Bestechungsgelder zu fordern, andernfalls sie diese als Helfershelfer der Banditen bezeichnen. Sie verbrennen dann ihre Häu-
80 ser und legen sie in Fesseln. [...] Das ist ein weiteres, was Euer Minister Nöte im Volke nennt.
Drittens sind die ungerechtfertigten Gefangensetzungen zu zahlreich. [...] Wenn eine Familie einen lange schwebenden Rechtsfall hat, gehen zehn Familien davon bank-
85 rott. Wenn eine Person fälschlich angeklagt ist, werden hundert Personen durch ihr Leid in Mitleidenschaft gezogen. Oft wird ein kleiner, unbedeutender Fall für Jahre nicht abgeschlossen. Recht und Unrecht sind auf den Kopf gestellt, und die Angeklagten werden alt und ster-
90 ben im Gefängnis. Wenn man das hört, stehen einem die Haare zu Berge. Das ist noch ein weiteres, was Euer Minister Nöte im Volke nennt.

* Die chinesischen Kupfermünzen jener Zeit hatten in der Mitte ein Loch und wurden zu einer bestimmten Summe auf eine Schnur aufgereiht.

Zit. nach: Wolfgang Franke: Das Jahrhundert der chinesischen Revolution 1851–1949. München 1958, S. 41–44.

25 Aus den programmatischen Verkündungen der Taiping-Rebellen

a) Das Prinzip der Gleichheit:
Da wir doch alle aus demselben Vater der Seelen geboren sind, warum sollte dann irgendein Unterschied zwischen Dir und mir oder zwischen anderen und uns selbst bestehen? Wenn es Kleider gibt, so lasst sie uns gemeinsam tra-
5 gen. Wenn es Nahrung gibt, so lasst sie uns gemeinsam genießen. Wenn irgendeinen Unglück oder Krankheit befällt, sollten wir einen Arzt für ihn holen, damit der sich um ihn kümmere, und wir sollten Medizinen zubereiten, damit er ordnungsgemäß versorgt wird. Noch größere
10 Sorge lasst uns für die Waisen tragen, gleichgültig ob Knaben oder Mädchen, und für alle, die den Höhepunkt ihres Lebens überschritten haben und schwach und entkräftet dahinsiechen: Lasst sie uns baden und lasst uns ihnen helfen beim Wechseln der Kleider. Nur so wird es möglich
15 sein, das Ideal nicht aus den Augen zu verlieren, Glück und Unglück zu teilen ebenso wie die Bürde von Krankheit und Weh.

b) Glaubensgrundsatz (1852):
Wir glauben, dass das Reich das Reich von Gott in der
20 Höhe (shangti) und nicht das Reich der Tataren* ist. Dass die Nahrung und Kleidung [dort] Gott in der Höhe gehört und nicht den Tataren. Dass die Söhne und Töchter [dort] Söhne und Töchter von Gott in der Höhe sind und nicht die von Tataren. Aber ach! Seit die mandschurische
25 Ch'ing-Dynastie ihre giftige Herrschaft verbreitet hat, hat sie China in Verwirrung gestürzt, es des Reiches und seiner Nahrung und Kleidung beraubt und seine Söhne und Töchter unterdrückt.
Zit. nach: Bauer, a. a. O., S. 394, 404.

*gemeint sind die Mandschu

26 „Das Kleine Messer" in Shanghai
1853 besetzte die Geheimgesellschaft „Das Kleine Messer" (oder „Das kleine Schwert") Shanghai. Aus dem englischen Wochenblatt North China Herold:
Mittwoch, 7. September
Heute am frühen Morgen griffen die Männer des Kleinen Messers die Chinesenstadt* an und ungefähr um sechs Uhr wurden der Bezirksmagistrat Yuan und einer seiner Adju-
tanten getötet. Die vierzig Wachhabenden flohen alle;
5 man nimmt an, dass sie mit den Aufständischen gemeinsame Sache gemacht haben. Das Magistratsbüro wurde verwüstet, die Gefangenen befreit. Am Nordtor wurde ebenfalls ein Mann getötet; sein Leichnam liegt noch immer dort. Die Männer vom Kleinen Messer tragen ein
10 Abzeichen aus rotem Stoff an ihren Jacken und Hüten; keiner behelligt sie, sie bewegen sich ohne die geringste Furcht und plündern nicht. Zur Zeit sollen sie vor dem Amtssitz des Daodai liegen, den sie eingekreist und dabei die Kanonen in Besitz genommen haben, die vor dem Ge-
15 bäude stehen. Einige berichten, der Daodai befände sich in seinem Amtssitz; ein anderer Bericht meint jedoch, er habe sich den Rebellen ergeben, die ihn daraufhin am Leben ließen; wieder andere sagen, er sei entkommen. Alle Geschäfte sind geschlossen, doch scheint die Bevölkerung
20 ruhig und zeigt keine Neigung zu fliehen. Wir vermuten, dass die Mitglieder des Kleinen Messers schließlich die ganze Chinesenstadt erobern werden, wie vor kurzem in Jiading. Sie werden eine eigene Regierung einsetzen, die so schnell wie möglich mit den Aufständischen von Nan-
25 king in Verbindung treten wird. Ausländer haben nichts zu befürchten, sollten aber dennoch auf der Hut sein.

Aus: Jean Chesneaux: Weisser Lotus, Rote Bärte. Geheimgesellschaften in China. Berlin 1976, S. 87.

*d. h. die Altstadt, die von einer Mauer umschlossen und von den neuen europäischen Teilen abgetrennt war

Arbeitsvorschläge:

1. Erklären Sie das Selbstverständnis des Alten China anhand von M1 – M3 sowie M17 und unter Hinzuziehung des darstellenden Textes. Berücksichtigen Sie dabei in der Anlage der „Verbotenen Stadt" (M3) die Symbolik der Verkörperung der Kaiser- bzw. Reichsidee.

2. Beschreiben Sie das Verhältnis der regierenden Mandschu-Dynastie zu China anhand des darstellenden Textes sowie von M5.

3. Erläutern Sie die Bedeutung der Flüsse für China aus dem darstellenden Text sowie anhand von M4 und M15.

4. Erstellen Sie ein Diagramm aus der Tabelle M7, berechnen Sie dabei die durchschnittliche Größe einer Familie aus den Angaben von 1753.

5. Vergleichen Sie die unterschiedliche Situation in den verschiedenen Provinzen Chinas anhand der Tabellen M8 und M10 sowie der Karte M6. Verteilen Sie die Provinzen unter den Teilnehmern Ihres Kurses und berechnen Sie das Verhältnis zwischen Bevölkerungszahl, Größe der Agrarflächen und des Steueraufkommens. Interpretieren Sie in diesem Zusammenhang auch die Übersicht M13.

6. Vergleichen Sie die Grundlage des Staatshaushaltes zwischen China und Großbritannien M9 und M12.

7. Interpretieren Sie das Diagramm M14 und erklären Sie die Problematik unter Hinzuziehung von M18, M19, M21 und M22. Erörtern Sie die Möglichkeiten einer anderen Entwicklung von Wirtschaft und Handel in China anhand von M16 und vergleichen Sie dies mit der heutigen Lage.

8. Erklären Sie die Problematik des Geldverkehrs anhand der Informationen aus M11, M18 und M24 sowie dem darstellenden Text.

9. Interpretieren Sie den Vertrag von Nanking (M20) im Hinblick auf die konkreten Konsequenzen für China.

10. Erklären Sie die unterschiedlichen Motive und Zielsetzungen, die im Taiping-Aufstand zusammenkamen, anhand von M23 – M26 sowie aus dem darstellenden Text. Analysieren Sie die Vorgehensweise des Aufstandes in Shanghai M26.

2 China und das Vordringen des Westens – marginale Berührung oder erzwungene Modernisierung?

Trotz aller inneren Schwierigkeiten, mehrfachen Niederlagen gegen die technisch überlegenen ausländischen Armeen und der nahezu unkontrollierten Präsenz von Tausenden Ausländern nicht nur in den Vertragshäfen, sondern auch im Innern Chinas, war das chinesische Kaiserreich nie als Ganzes eine Kolonie. Bis auf russische und japanische Angriffe sowie die britische Besetzung Hongkongs und die deutsche von Jiaozhou gab es bis 1931 keinen Versuch, einen größeren Teil des Festland-Territoriums zu erobern und zu besetzen. Einerseits durch politische Schwäche und militärische Demütigung gekennzeichnet, waren die Jahre von 1860 bis 1911 doch andererseits auch der Beginn einer allmählichen Umwandlung Chinas zu einem modernen Staat.

Der erste Schritt dazu war, dass China die Existenz gleichberechtigter Mächte außerhalb seines Territoriums anerkannte, indem 1861 in Beijing ein Außenamt (Zongli Yamen) eingerichtet wurde, das für den Kontakt mit dem Ausland zuständig war; außerdem wurden zum ersten Mal ausländische Gesandtschaften in Beijing zugelassen. Das war das Ende der zweitausendjährigen Tradition, Beziehungen nach außen nur über den Tribut zu definieren, der von den „Barbaren" an das Reich der Mitte zu zahlen war. Die Gleichberechtigung war freilich insofern eine scheinbare, als die in China lebenden Ausländer der chinesischen Gerichtsbarkeit entzogen waren. Die gegenwärtige chinesische Geschichtsschreibung spricht von einer „halbkolonialen und halbfeudalen" Periode.

2.1 China – eine Beute des Auslands?

Die europäischen Reisenden des 19. Jahrhunderts sahen China nicht mehr – wie noch die Aufklärer Leibniz und Voltaire – als philosophisch geführtes, dem Westen überlegenes Staatswesen, sondern als Gesellschaft im Verfall. Das lag nicht nur an dem mittlerweile größer gewordenen technischen Abstand zwischen Europa und China und den militärischen Niederlagen gegen England und Frankreich samt den dabei vorgenommenen Plünderungen, sondern auch an den Verwüstungen durch Aufstände, die eher Bürgerkriegen glichen: Die Taiping 1850–1864 (s.o.), die Nian in den 50er-Jahren im Norden, Muslime in den 60er- und 70er-Jahren im Süden (Yunnan) und Westen (Xinjiang). Deren Niederschlagung stärkte die Rolle tatkräftiger Provinzgouverneure, bedeutete andererseits aber ein finanzielles Ausbluten

des Staates. Die wirtschaftliche Misere wurde verstärkt durch das Bevölkerungswachstum, das einen Raubbau am Land und daraus folgend Überschwemmungen durch die großen Flüsse zur Folge hatte, weil der Staat zu ordnungsgemäßem Wasserbau (Eindeichung) kein Geld mehr hatte bzw. Gelder veruntreut wurden. Im eigenen Interesse – z.B. wegen der Sicherstellung der in den „ungleichen Verträgen" erzwungenen „Entschädigungszahlungen" – setzten die Ausländer 1854 durch, dass das kaiserliche Seezollamt von britischen Verwaltern geleitet wurde.

Eine chinesische Außenpolitik gab es nicht: Das „Zongli Yamen" definierte Außenpolitik lediglich als Grenzfragen und versuchte dabei, nach dem alten Grundsatz vorzugehen, Barbaren gegen Barbaren auszuspielen.

1 Stadtmauer von Beijing, ca. 1860

Faktischer Außenminister war im letzten Drittel des 19. Jahrhunderts der Provinzgouverneur Li Hongzhang, der aus seinen Erfahrungen mit dem effektiven französischen und englischen Eingreifen beim Taiping-Aufstand die Schlussfolgerung zog, dass auch China sich militärisch modernisieren müsste, was allerdings den Widerstand der traditionellen Beamten hervorrief. So ließ Li kurzerhand in den 70er-Jahren selbst Bergwerke einrichten und eine Eisenbahn bauen, gründete eine Dampfschifffahrts- und eine Telegrafengesellschaft.

Shanghai – Schaufenster der Moderne

Vor allem Hongkong und Shanghai wurden sichtbare Beispiele ausländischer Technik und Gesellschaft. In der Kolonie Hongkong wie in dem „International Settlement" in Shanghai herrschten ausländische Verwaltungen auch über Chinesen.

Die Hafenstadt Shanghai war seit dem 14. Jahrhundert Zentrum der Baumwollproduktion, in seinem Außenhandel allerdings durch das Seehandelsverbot der Ming- (1368–1644) und Qing-Zeit (1644–1911) stark beeinträchtigt. Nach dem Nanjing-Vertrag von 1843 war Shanghai eine der (zunächst) fünf geöffneten Hafenstädte, in denen die Ausländer auch Recht auf Exterritorialität und Konsulargerichtsbarkeit hatten. Diese Sonderrechte wurden durch die „Meistbegünstigungsklausel" nach und nach auch anderen sich dort niederlassenden Ausländern zugestanden. War zunächst Chinesen in den ausländischen Niederlassungen („settlements") das Bauen oder Mieten von Häusern untersagt, so wurde diese Trennung nach 1854 aufgehoben: Der Bedarf an Arbeitskräften in den neu gegründeten Fabriken, aber auch der willkommene Zustrom von wohlhabenden Chinesen aus den Unruhe- und Aufstandsgebieten des Reiches erzwang dies. Allerdings übernahmen nun wohlhabende ausländische Privatleute die Stadtverwaltung in den sog. (englischen und französischen) „Konzessionen", erließen Gesetze, übten Rechtsprechung aus, bauten Gefängnisse, stationierten Militär. Nach 1863 schlossen sich Amerikaner, nach 1895 Japaner der britischen Konzession an, die dadurch zum „International Settlement" wurde. In der Architektur, ab den 70er-Jahren dann auch der Infrastruktur (Strom-, Gas-, Wasserversorgung) wurde Shanghai zu einer Großstadt, mit allen Merkmale der westlichen Moderne. Um 1900 überstieg die Bevölkerung schon die Millionengrenze (bei 15 012 Ausländern 1910). Shanghai wurde die Bankenhauptstadt Chinas und zugleich sein industrielles Zentrum. Bis 1911 hatten 41 von den 91 in China von Ausländern gegründeten Unternehmen ihren Sitz in Shanghai. Hier entwickelte sich die erste Industriearbeiterschaft in China, aber Chinesen wurden auch Angestellte und Unternehmer. Zugleich brachen Krankenhäuser, Hochschulen und chinesischsprachige Tageszeitungen das Wissens- und Gelehrsamkeitsmonopol der traditionellen konfuzianischen Literaturschicht.

Abgrenzung ausländischer Interessensphären

Allerdings war Shanghai eben eine Ausnahme: Besonders hier, in geringerem Maße in den anderen Vertragshäfen, aber eben auch nur dort kann man von ausländischem Einfluss sprechen. Wirtschaft und Leben der großen Mehrheit der Chinesen blieben davon unberührt, der riesige chinesische Binnenmarkt war von den Ausländern nicht durchdrungen worden, konnte sich immer noch selbst versorgen. Japan versuchte als erste ausländische Macht hier eine Bresche zu schlagen. Es erhob Ansprüche auf das als Vasall Chinas geltende Korea. Als nun dort eine bäuerliche Protestbewegung sich gegen beide Mächte wendete, entsandten diese 1894 Truppen. Die auf westliches Niveau gerüstete japanische Flotte versenkte die chinesische, die aus in England und Deutschland gekauften Kriegsschiffen bestand. Die Zentralregierung hatte die für eine eigene Flotte vorgesehenen Gelder zum Bau des neuen Sommerpalastes in Beijing zweckentfremdet. Den Krieg musste Provinzgouverneur Li Hongzhang allein mit seinen Truppen führen und nach deren Niederlage dann den demütigenden Frieden von Shimonoseki 1895 aushandeln. China hatte Taiwan (= Formosa) abzutreten und eine Kriegsentschädigung in doppelter Höhe seiner jährlichen Steuereinnahmen zu zahlen; damit war es künftig von den Zinsen der internationalen Finanzmärkte abhängig. Japan konnte nun wie die anderen Großmächte in chinesischen und koreanischen Vertragshäfen Fabriken betreiben. Seine weitergehenden Ansprüche auf die Halbinsel Liaodong musste es allerdings nach einer Intervention von Frankreich, Deutschland und Russland aufgeben. Diese gaben vor, zum Schutz Chinas zu handeln, ließen sich dafür aber reichlich belohnen.

Frankreich ließ sich seine Intervention mit wirtschaftlichen Konzessionen in Südchina, vor allem der Genehmigung zum Bau von Eisenbahnlinien entgelten. Das Deutsche Reich verlangte die Überlassung eines Hafens, worauf China hinhaltend reagierte, zugleich aber seine Rüstungskäufe in Deutschland wegen Geldmangels aufgrund der Entschädigungszahlungen an Japan drastisch einschränkte. Darauf konkretisierten sich in Wirtschaft und Diplomatie des Deutschen Reiches Überlegungen, gewaltsam einen Stützpunkt in China zu erwerben, um – auch aus Gründen des Weltmacht-Prestiges – an der sich abzeichnenden Aufteilung Chinas in Interessensphären beteiligt zu werden. Schon im November 1896 waren detaillierte Pläne für die Besetzung der Bucht von Jiaozhou ausgearbeitet worden, die dann ein Jahr später umgesetzt wurden, als die Ermordung zweier deutscher Missionare den erwarteten Anlass lieferte.

1890 hatte die deutsche Regierung die deutschen Missionare in China unter ihren staatlichen Schutz gestellt, so dass sie nun den erwünschten Anlass zum Eingreifen öffentlich vertreten konnte. Obwohl die chinesische Regierung alle möglichen Genugtuungen anbot, landete eine deutsche Marinetruppe wie seit 1896 geplant in Jiaozhou und schuf vollendete Tatsachen. Als auch hinhaltende Verhandlungen und Versuche, andere Mächte (Russland, England) zum Eingreifen zu motivieren, erfolglos blieben, musste die chinesische Regierung am 6. März 1898 als „Entschädigung" für Deutschland die Verpachtung der Jiaozhou-Bucht an das Deutsche Reich auf 99 Jahre akzeptieren sowie in einer angrenzenden Zone von 50 Kilometern deutschen Truppen Bewegungsfreiheit zugestehen, den Bau von zwei Eisenbahnlinien und den Abbau von Kohlevorkommen erlauben. Dadurch wurde die Provinz Shandong, in der auch der Geburtsort Qufu des für die chinesische kulturelle Identität so wichtigen Philosophen Konfuzius lag, praktisch zur deutschen Einflusssphäre. (▶ M 8–M 9, M 11)

Russland erzwang, in Reaktion auf das deutsche Vorgehen, 1898 die Pacht des eisfreien Hafen Port Arthur (chin. Dalian) und die Genehmigung zum Bau einer mandschurisch-sibirischen Bahnlinie.

2   China und das Vordringen des Westens – marginale Berührung oder erzwungene Modernisierung?

2

2 **Chinesische Straftäter mit „Holzkragen"**. „Überall sieht man Verbrecher, die ein 1,33 Meter großes quadratisches Brett horizontal um den Hals tragen, was es ihnen unmöglich macht, die Hand zum Munde zu führen.
So sind sie gezwungen, die Vorübergehenden nicht nur um Nahrung anzuflehen, sondern sie sich auch in den Mund stecken zu lassen. Auf dem Brett sind Schriftsätze angeheftet, die über das Verbrechen und die Strafdauer Auskunft geben. Diese Verurteilten können sich in der Stadt so frei bewegen, wie es ihre Folterwerkzeuge zulassen; bei Todesstrafe ist ihnen aber verboten, sich dieser Gegenstände auch nur für eine Minute zu entledigen." (H. Schliemann, 1865)

3 Geistiger Niedergang und sittlicher Verfall

Der Kaufmann Heinrich Schliemann schildert, wie er Beijing während des Taiping-Aufstandes (1850–1864) und nach der Plünderung durch britische und französische Truppen (1860) vorfand:

Als ich durch eines der neun Tore Peking betrat und die nach beiden Seiten unabsehbar sich hinziehende Mauer sah, war ich von der gleichen Bewunderung erfüllt, mit der Marco Polo bei seiner Rückkehr nach Venedig im Jahr
5 1291 von den Herrlichkeiten Cambalucs (Peking) oder der Hauptstadt des Großkhans erzählte.
Ich glaubte, im Innern der Stadt Wunderdinge zu begegnen, aber ich hatte mich schrecklich getäuscht. […]
Alle Häuser sind einstöckig und aus ofengetrockneten
10 bläulichen Ziegelsteinen gebaut. Die Fenster der Privathäuser gehen auf den Innenhof hinaus, nur die Läden haben Fenster zur Straßenseite. Die Fassaden der Geschäfte sind mit kunstvollen Schnitzereien von allerlei Ungeheuern, insbesondere Drachen, oder auch mythologischen
15 Szenen geschmückt. […] Es gibt fast keine Straße, in der nicht teilweise oder ganz verfallene Häuser stehen. Da aller Schmutz und Kehricht einfach hinausgeworfen werden, sind die Straßen voller Unebenheiten, und immer wieder weisen sie tiefe Löcher auf, die man auch zu Pferd
20 mit großer Vorsicht umgehen muss. Ständig ist man in eine abscheuliche Staubwolke eingehüllt, die die Sonne verfinstert und das Atmen erschwert. Überall wird man von einem Haufen völlig nackter oder in einige erbärmliche Lumpen gehüllter Bettler verfolgt, fast alle sind leprakrank
25 oder mit anderen nicht weniger abstoßenden Geschwüren bedeckt. Laut rufend bitten sie um Almosen, heben ihre

abgezehrten Arme zum Himmel, knien nieder und verneigen sich ohne Ende. […]
Anschließend besuchte ich die Tempel des Lichts und des Konfuzius und auch den der Buddhapriester, in dem neben 30 vielen anderen eine 24 Meter hohe Götterstatue steht. Die Architektur all dieser Tempel würde den berühmten europäischen Baumeistern Ehre machen; doch alles ist hier heruntergekommen, unordentlich und verschmutzt. Die Gewänder an den Götterstatuen und die prachtvollen Sti- 35 ckereien, mit denen die Wände bedeckt sind, hängen in Fetzen herunter, die Fensterrahmen sind zum Teil zerbrochen, und die Papiere, die die Glasscheiben ersetzen, sind überall zerrissen. Mauersteine und Dachziegel, die Witterung und Pflanzenwuchs zerstörten, werden nicht wieder ersetzt. 40
Es ist wirklich sehr traurig und peinlich mit ansehen zu müssen, wie die derzeitige Generation, degeneriert und heruntergekommen, die großartigen Denkmäler, deren Bau einst Milliarden gekostet hat, in Trümmer fallen lässt, während es genügt hätte, wenn für jeden Tempel zwei 45 Kulis eingestellt würden, um diesen ständig in Ordnung zu halten und einer ferneren Nachwelt zu bewahren. Ich glaube, dass man, um den geistigen Niedergang und den sittlichen Zerfall der chinesischen Herrscher und ihres Volkes zu belegen, keines anderen Beweises bedarf als den 50 der ungeheuren Fahrlässigkeit, mit der sie die Heiligtümer ihrer Götter, diese zahllosen Denkmäler ihrer glorreichen Vorfahren, verkommen lassen.

Aus: Heinrich Schliemann: Reise durch China und Japan im Jahre 1865. Zuerst Paris 1866 (franz.). Zit. nach: Rosgarten Verlag 1984, S. 19–23; S. 30.

2

4 „… das Bild einer rastlosen Tätigkeit" – die englische Kolonie Hongkong

Preußen schickte 1859–1861 eine erste Expedition nach Ostasien, die wirtschaftliche Verbindungen anbahnen sollte; 1860 wurde ein preußisch-chinesischer Handelsvertrag geschlossen. Der an der Expedition beteiligte Kaufmann Gustav Spieß schilderte später seine Beobachtungen im Land:

Hongkong ist eine kleine Insel von cirka 80 englischen Quadratmeilen Flächenraum, mit der Stadt Victoria (die indes nur in offiziellen Erlassen der Regierung so benannt wird), die seit dem Jahre 1841 Eigentum der Krone von
5 England und jetzt Sitz und Mittelpunkt des englischen Handels in China ist. Wo vor kaum 20 Jahren einige elende chinesische Fischerhütten und Dörfer standen, da erblickt das Auge des Ankommenden jetzt eine blühende Stadt, deren geschmackvolle Gebäude, terrassenförmig
10 am Fuß eines mächtigen Gebirgsrückens ausgedehnt, sich aus dem dunkeln Laubwerk der Gärten und Spaziergänge blendend abheben. Die ausgedehnte Stadt und der ungemein belebte Hafen bieten ein überraschendes Bild und selbst der Boden Nordamerikas, wo blühende Städte wie
15 aus der Erde gezaubert entstanden, dürfte wenig Beispiele ähnlichen Wachstums aufzuweisen haben. […]
Hongkong trägt durchaus das Bild einer rastlosen Tätigkeit; es ist der Knotenpunkt für den Verkehr nach dem Norden Chinas; fast alle Schiffe, die von Europa kommen,
20 um in den chinesischen Gewässern und Häfen Verwendung zu finden, laufen zunächst in Hongkong ein, und

obschon die Stadt selbst nur geringen Eigenhandel hat, so geht doch der größte Teil des Verkehrs durch ihre Hände. Als Sitz des englischen Gouvernements und der Gerichtsbehörden, als Hauptstation der in diesen Seen beschäf- 25 tigten Schiffe der englischen Flotte, als Truppendepot und vor allem als ein unter der Krone Englands stehender Platz, der bei den häufigen Kriegen Englands mit China den Europäern die meiste Sicherheit bot, hat Hongkong allmählich den Schwerpunkt des Handels hier im Sü- 30 den von Kanton nach sich zu verlegen gewusst, und die reichsten und angesehensten Häuser haben jetzt in Hongkong ihren eigentlichen Sitz; von hier aus werden die Unternehmungen in den übrigen Häfen geleitet.
Die sogenannte gute Gesellschaft ist hier am zahlreichsten 35 vertreten, und im Winter sollen die Zirkel der Aristokratie, die Bälle, Maskeraden und Abendgesellschaften, Konzerte usw. an Glanz und Luxus der besten Gesellschaft in Europa nicht nachstehen. […]
Nirgends ist mir das Am Golde hängt, nach Golde drängt 40 sich alles so lebhaft vor Augen getreten als hier, wo es gilt, so bald als möglich zu Reichtum zu gelangen, damit man dem Lande den Rücken wenden und die Früchte seiner Arbeit daheim genießen kann. […]

Aus: Gustav Spieß: Die preußische Expedition nach Ostasien während der Jahre 1860–1862. Berlin 1864. Zit. nach: Georg Adolf Narciß (Hg.): Im Fernen Osten. Forscher und Entdecker in Tibet, China, Japan und Korea 1689–1911. Frankfurt am Main 1985, S. 138–141.

5 Westlicher Geschäftsmann in einer Rattan-Fabrik, ca. 1875

2   China und das Vordringen des Westens – marginale Berührung oder erzwungene Modernisierung?

2

6 Pferderennbahn
in Shanghai, um 1900

7 Unternehmer fordern ein „deutsches Hongkong"
Schreiben des Reeders und Geschäftsmanns Rudolf Wahl an den
Reichskanzler Hohenlohe (26. Mai 1896):
Euer Durchlaucht [...]
Nächst England beschäftigt Deutschland die größte Zahl
von Schiffen in chinesischen Meeren.
Deutsche Reederei- und Handelshäuser sind in allen be-
5 deutenden Vertragshäfen dieses Landes etabliert und
stehen durch den Umfang ihrer Geschäfte und die kommerzielle und soziale Stellung ihrer Leiter meist an der
Spitze der sämtlichen der ansässigen europäischen Firmen. Deutsches Kapital ist an der Schiffahrt in den chi-
10 nesischen Gewässern, an dem Handel mit diesen Ländern
und auch an der daselbst entstehenden Industrie mit vielen Millionen interessiert.
Bei dieser starken Beteiligung deutscher Interessen an dem
volkswirtschaftlichen Leben Chinas fragt es sich, beson-
15 ders auch mit Rücksicht auf die berechtigte Hoffnung,
dass dieses im Vergleich zu unzivilisierten Kolonialgebie-
ten jetzt schon hoch zivilisiert zu nennende Riesenreich
in gegebener Frist dem europäischen Handel gänzlich
geöffnet werden wird, ob unter den gegenwärtigen Ver-
20 hältnissen die Stellung der Deutschen in China genügend
befestigt sei, um ihnen gleich günstige Aussichten wie den
Angehörigen anderer Nationen für ihre fernere Tätigkeit
zu gewährleisten. – Diese Frage ist entschieden mit nein
zu beantworten, ganz besonders im Vergleich mit der Po-
25 sition, die England daselbst einnimmt.
Dem leuchtenden Beispiel, welches für seine Schifffahrts-
und Handels-Interessen uns England in dem englischen
Hongkong gegenüberstellt, aber auch den französischen
Erwerbungen im Süden, den russischen jüngsten Festset-
30 zungen im Norden, den seit alters bestehenden hollän-
dischen und spanischen Niederlassungen auf den diesen
Nationen gehörenden Inselgruppen, dem nun japanisch
gewordenen Formosa mit den Pescadores-Inseln, dem por-
tugiesischen Macao, alles Besitzungen, die in lebhaftem
35 Schifffahrts- und Handelsverkehr mit China stehen, kann
Deutschland bis jetzt leider einen, wenn auch noch so be-
scheidenen deutschen Stützpunkt für seinen Handel und
seine Schifffahrt nicht an die Seite setzen.

Mechthild Leutner (Hg.)/Klaus Mühlhahn (Bearb.): „Musterkolonie
Kiautschou". Die Expansion des Deutschen Reiches in China. Deutsch-
chinesische Beziehungen 1897 bis 1914. Eine Quellensammlung. Berlin 1997, S. 90 f.

8 Das deutsche Reich erwirbt die Kolonie
Kiautschou (= Jiaozhou)
Seit 1895 wurden zwischen Auswärtigem Amt und Oberkommando
der Marine in Berlin Überlegungen hinsichtlich der Erwerbung eines
deutschen Stützpunktes in China angestellt. Die Nachricht von der
Ermordung zweier deutsche Missionare in der Provinz Shandong, zu
der die Bucht von Jiaozhou gehörte, erreichte den deutschen Gesand-
ten Heyking am 4. November 1897.
a) Note des deutschen Gesandten Heyking an die Prinzen und Minis-
ter des Zongli Yamen (7. November 1897):
Die Note betrifft die abscheuliche Bluttat, die an deutschen
Missionaren im Süden Shandongs am 2. November 1897
verübt wurde. Von den beiden deutschen Missionaren in
Caozhou wurde der eine getötet, während der andere als
vermisst gilt. Außerdem wurden die Gebäude der deut- 5
schen Missionare im Kreis Shouzhang geplündert. Ich er-
suche Sie hiermit, schleunigst Maßnahmen zum Schutz
von Leben und Gut der Deutschen in Shandong zu ergreifen. Für diese Angelegenheit trägt der chinesische Staat
die volle Verantwortung. Ich erwarte, dass die Schuldigen 10
unverzüglich hart bestraft werden, um damit das von den
Deutschen erlittene Unrecht zu sühnen.   Heyking

b) Telegramm von Kaiser Wilhelm II. an den Chef des Kreuzer-
geschwaders in Ostasien, Diederichs (7. November 1897): 15
Gehen Sie augenblicklich mit ganzem Geschwader Jiaozhou, besetzen Sie geeignete Punkte und Ortschaften daselbst und erzwingen Sie von dort aus in Ihnen geeignet
scheinender Weise vollkommene Sühne. Größte Energie
geboten. Zielpunkt Ihrer Fahrt geheim halten. Wilhelm 20
Kaiser König

c) Telegramm des Reichskanzlers Hohenlohe an den deutschen Ge-
sandten Heyking (7. November 1897), welches dieser am 9. Novem-
ber abends an Bord S. M. S. „Kaiser" erhielt: 25
No. 43, vom 7. November. Geheim. Im Anschluss an mein
Telegramm No. 42. Richten Sie Forderungen wegen Missionen so ein, dass chinesische Regierung sie nicht sofort
befriedigen wird. Hier wird beabsichtigt, Vorfall womög-
lich zu Besetzung von Jiaozhou oder anderen Platzes aus- 30
zunützen.   gez. Hohenlohe

Aus: Mechthild Leutner (Hg.)/Klaus Mühlhahn (Bearb.): „Musterkolonie Kiautschou". Die Expansion des Deutschen Reiches in China.
Deutsch-chinesische Beziehungen 1897 bis 1914. Eine Quellensammlung. Berlin 1997, S. 118 f.

9 Telegramm des Gouverneurs von Shandong, Li Bingheng, an die Prinzen und Minister des Zongli Yamen (19. November 1897)

Die Deutschen benutzen den Juye-Zwischenfall als Vorwand. Wir haben bereits einen Justizbeamten zur Aufklärung des Falles vor Ort entsandt. Daraufhin wurden
5 zunächst vier Täter gefasst, darunter Lei Xieshen, der Rädelsführer und Anstifter zur Tat, sowie ein gewisser Gao Daqing. Soeben ging bei mir der Bericht der Kreisbeamten Shu Xian und Xi Liang ein, in welchem die Ergreifung von weiteren vier Schuldigen sowie die Sicherstellung des Diebesgutes gemeldet wird. Die gestohlenen Gegenstände
10 sind bereits von den Eigentümern identifiziert worden. Wir haben die Angelegenheit ohne Fehl und Tadel untersucht. Die Deutschen aber haben die Aufklärung des Falles erst gar nicht abgewartet und sind zur militärischen Besetzung geschritten, um uns absichtlich zu demütigen. Heut-
15 zutage sind die Kirchen der Missionare in unserem Reich so zahlreich wie Sand am Meer. Wenn wir auf diese Art und Weise die Angelegenheit lösen, werden ähnliche Fälle unweigerlich folgen. Wie kann da China seine Selbstständigkeit behaupten? Ich befürchte, es können folgende
20 Katastrophen eintreten: Zum ersten: Die auswärtigen Beziehungen Chinas zu anderen Staaten beruhen sämtlich auf Verträgen. Deutschland hat grundlos einen unserer wichtigen strategischen Posten besetzt und unsere Truppen zurückgedrängt. Ich vermute, dass auch nach Lösung
25 des Missionarszwischenfalls die Deutschen ihre Truppen nicht zurückziehen werden. Dieser Platz wird von allen Ländern begehrt.

Aus: Mechthild Leutner (Hg.)/Klaus Mühlhahn (Bearb.): „Musterkolonie Kiautschou". Die Expansion des Deutschen Reiches in China. Deutsch-chinesische Beziehungen 1897 bis 1914. Eine Quellensammlung. Berlin 1997, S. 130.

11 Aus der Reichstagsdebatte über die Besetzung der Bucht von Jiaozhou (Tsingtau), 8. Februar 1898
a) Von Bülow, Staatsminister, Staatssekretär des Auswärtigen Amtes:
Wir waren uns schon vorher nicht in Zweifel darüber, dass wir in Ostasien einen territorialen Stützpunkt brauchten. Ohne einen solchen würden wir dort in wirtschaftlicher, in maritimer und in allgemein politischer Hinsicht in der Luft schweben. In wirtschaftlicher Beziehung brau- 5 chen wir eine Eingangstür zu dem chinesischen Absatzgebiete, wie Frankreich eine solche in Tongking, England in Hongkong und Russland im Norden besitzt. Das chinesische Reich mit seiner riesenhaften Bevölkerung von nahezu an 400 Millionen Menschen bildet einen der zu- 10 kunftreichsten Märkte der Welt; von diesem Markt durften wir uns nicht ausschließen, wenn wir wirtschaftlich und damit politisch, materiell und damit moralisch voran wollten. Wir mussten vielmehr dafür sorgen, dass wir dort unter gleichen Chancen mit anderen Völkern zugelassen 15 wurden. Gerade weil die mächtig arbeitende deutsche Industrie auf vielen europäischen und nichteuropäischen Plätzen mit großen und wachsenden Schwierigkeiten kämpft, wo sich ihr leider manche Länder ganz oder teilweise verschließen, betrachteten wir es doppelt als unsere 20 Pflicht, dafür zu sorgen, dass uns für die Zukunft wenigstens der chinesische Markt erhalten blieb. [...]
Dazu trat noch eine Erwägung. Außer der allgemeinen Pflege unserer politischen und wirtschaftlichen Interessen in Ostasien liegt uns dort auch der Schutz der sich im In- 25 nern Chinas oder in den geöffneten Häfen aufhaltenden Fremden und namentlich der Missionare ob.

Zit. nach: Mechthild Leutner (Hg.)/Klaus Mühlhahn (Bearb.): „Musterkolonie Kiautschou". Die Expansion des Deutschen Reiches in China. Deutsch chinesische Beziehungen 1897 bis 1914. Eine Quellensammlung. Berlin 1997, S. 156–158.

10 Deutsche und österreichische Missionare in der Kleidung chinesischer Beamter beim Besuch der deutschen Truppen während des „Boxer"-Aufstandes.

2 China und das Vordringen des Westens – marginale Berührung oder erzwungene Modernisierung?

2

12 Qingdao, Fotografie um 1898

b) August Bebel, Vorsitzender der Sozialdemokratischen Partei, Abgeordneter:
Bekanntlich war der Vorwand für den Einbruch in China die Ermordung zweier katholischer Missionare. Dass für einen solchen Vorgang die deutsche Regierung Genugtuung suchte, ist selbstverständlich; aber, meine Herren, nach
5 den Regeln der internationalen Politik ist es in einem solchen Falle doch so, dass die Regierung des geschädigten, benachteiligten Landes bei der fremden Regierung, in deren Land die Untat geschah, Anfrage hält, ob sie gewillt ist, die und die Genugtuung für die geschehene Gewalttat
10 zu geben, und dass erst in dem Augenblick, wo die fremde Regierung sich weigert, eine solche Genugtuung zu geben, alsdann die verletzte und geschädigte Regierung in der Lage und verpflichtet ist, mit allem Nachdruck, der ihr zu Gebote steht, gegen das fremde Land vorzugehen. Meine
15 Herren, in dieser einfachen, natürlichen, der internationalen Höflichkeit entsprechenden Weise ist aber von seiten der deutschen Regierung nicht vorgegangen worden.

Obgleich man sicher bereits wusste, dass China bereit sei, jede Genugtuung zu geben, die man zu fordern entschlossen war, ist man ohne weiteres dazu übergegangen, der 20 in den ostasiatischen Gewässern stationierten deutschen Flottille die Weisung zu geben, Jiaozhou zu besetzen, die dort anwesenden chinesischen Truppen zu verjagen und von der Bucht und den sie umgebenden Ländereien Besitz zu ergreifen. [...] 25
Ein Recht auf chinesisches Land haben wir nicht und wenn die Chinesen gleich jedem anderen Volke der Erde – wie sie es aber nicht getan haben – den Einfall Deutschlands mit Gewalt zurückgewiesen hätten, wäre dies ihr gutes Recht gewesen. [...] Dass also die Ermordung der Missio- 30 nare nur ein reiner Vorwand war, um in China einbrechen zu können, darüber besteht heute bei keinem Menschen mehr ein Zweifel. Meine Herren, dieser Mord, der an den bei den Missionaren verübt wurde, kam wieder einmal außerordentlich gelegen. (Heiterkeit.) 35
Ebenda, S. 161–163.

2.2 Der Boxeraufstand und das Eingreifen des Deutschen Reiches

Die deutsche Kolonie Kiautschou (Jiaozhou)
Das Deutsche Reich wollte aus Kiautschou ganz bewusst eine „Musterkolonie" machen. Sie wurde nicht der Kolonialabteilung des Auswärtigen Amtes, sondern dem Reichsmarineamt unterstellt, sollte der Propaganda für die Flottenpolitik dienen sowie Modernität und Fortschrittlichkeit von Deutschlands Kolonialpolitik demonstrieren. Unvorteilhafte Meldungen aus Jiaozhou (Kiautschou) z. B. über Kriminalität und Prostitution wurden unterdrückt, großzügig in die Infrastruktur, vor allem den Hafen Qingdao (Tsingtau) investiert. Bis 1914 standen mehr als 160 Millionen Reichsmark an Zuschüssen allerdings nur 36 Millionen an Einnahmen gegenüber. Kiautschou blieb im Wesentlichen Marine-Garnison – die 2 500 Marinesol-

daten bildeten drei Viertel der gesamten europäischen Bevölkerung –, es siedelten sich kaum Industriebetriebe an, sondern vor allem deutsche und chinesische Handelsunternehmen. Versuche, einen Freihafen für die internationale Schifffahrt einzurichten, blieben erfolglos, der Im- und Export beschränkte sich auf wenig profitträchtige Waren wie Petroleum, Streichhölzer, Zucker, Farben oder Baumwolle, Papier und Reis. Deutsche Produkte hatten daran nur einen Anteil von 6–8 %. Erst als Qingdao sich auf den innerchinesischen Handel konzentrierte und entsprechende Kontakte zu chinesischen Kaufleuten suchte, wuchs – insbesondere nach der Fertigstellung der Bahn Jinan–Qingdao – die Ausfuhr auch von Seide, Erdnussprodukten und Strohborten.

13 Machtverlust Chinas im 19. Jahrhundert

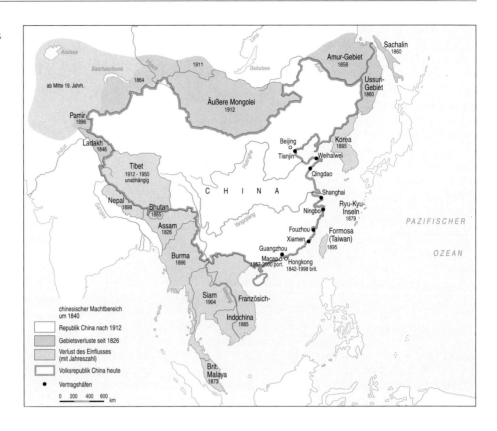

Die deutsche Verwaltung führte das „Schutzgebiet" wie eine Kolonie. Das Land von sechs chinesischen Dörfern (etwa 4 500 Bewohner) wurde gegen sehr geringe Entschädigung aufgekauft, mit sehr viel Gewinn dann wieder an private Eigentümer veräußert. Außerdem wurde ein Hafen angelegt, Straßen und öffentliche Gebäude errichtet. Wasserversorgung und Kanalisation waren nur für die europäischen Geschäfts- und Villenviertel vorgesehen, nicht für die davon getrennten Chinesenwohnviertel. Bis 1913 wuchs Qingdao auf 55 000 Einwohner, von denen nur 4 500 Ausländer waren. Die deutsche Verwaltung wollte Europäer und Chinesen möglichst strikt voneinander trennen, was in der Praxis aber kaum möglich war, brauchte man doch Bauarbeiter und Personal. Während die Europäer der Konsulargerichtsbarkeit nach deutschem Gesetz unterstanden, galt für Chinesen eine eigene Rechtsverordnung des deutschen Gouverneurs. Danach gab es keine Trennung von Verwaltung und Justiz, sondern Vergehen von Chinesen wurden durch die deutschen Bezirksamtmänner (die alle die chinesische Sprache beherrschten) geahndet. Häufig wurde die Prügelstrafe verhängt, auch als sie nach chinesischem Recht schon nicht mehr üblich war. Erst spät wurden auch chinesische Kaufleute an der Lösung innerchinesischer Rechtsstreitigkeiten beteiligt. Eine eigene „Chinesenordnung" regelte detailliert das Alltagsverhalten von nächtlicher Beleuchtung, Theateraufführungen und dem Abbrennen von Feuerwerk bis zur Zahl der in Haushalten und Herbergen erlaubten Personen. Hygienevorschriften versuchten, ansteckende Krankheiten einzudämmen (Einrichtung von Toiletten; Verbot der Tierhaltung in menschlichen Wohnungen). Ein großes Problem waren Ruhr, Magen-, Darmerkrankungen und – vor allem unter den Soldaten – Geschlechtskrankheiten. Für die europäische Bevölkerung waren Marineärzte zuständig, aber wegen der unzureichenden hygienischen Verhältnisse sollte auch die chinesische Bevölkerung medizinisch versorgt werden. Dies übernah-

men vor allem Missionskrankenstationen, die sich durch kostenlose Behandlung allmählich das Vertrauen der Chinesen in Konkurrenz zu deren traditioneller Medizin erwerben konnten.

Beim Aufbau des chinesischen Schulwesens engagierten sich sowohl die Missionen wie die deutsche Verwaltung. Die Missionen bildeten nicht mehr nur Priesternachwuchs aus, sondern gründeten allgemeinbildende Schulen mit (freiwilligem) Unterricht in christlicher Religion wie auch in chinesischen Klassikern. Das deutsche koloniale Gouvernement richtete zunächst eine Schule (später: Reformrealgymnasium) für deutsche Kinder ein. Hinzu kamen eine Lehrlingsschule für chinesische Fachkräfte an der Werft von Qingdao, aber auch Volksschulen für Chinesen auf dem Land (mit zusätzlichem Deutschunterricht). Als Konkurrenz zu französischen und angelsächsischen Gründungen galt die 1908 in Qingdao begründete deutsch-chinesische Fachhochschule, an der deutsche und chinesische Professoren Staats- und Rechtswissenschaft, Forst- und Landwirtschaft, Ingenieurwissenschaften und Medizin unterrichteten.

Der Boxeraufstand

Die Shandong-Eisenbahngesellschaft und die Shandong-Bergbaugesellschaft waren die einzigen modernen Unternehmungen in der deutschen Kolonie, ihre Aktienmehrheit lag bei ausschließlich deutschen Investoren. Die von bis zu 25 000 chinesischen „Kulis" ausgeführten Erd- und Terrassierungsarbeiten veranlassten viele Konflikte mit der lokalen Bevölkerung, sei es, dass der Landankauf nur unzureichend bezahlt wurde, sei es, dass die Streckenführung alte Bewässerungssysteme zerstörte. Als im Frühjahr 1899 Bauern zur Selbsthilfe griffen, Vermessungsarbeiten störten und Personal bedrohten, ließ der deutsche Gouverneur Soldaten zu „Strafexpeditionen" ausrücken, bei denen eine Reihe von Chinesen getötet wurde. Ähnlich scharf hatte die deutsche Verwaltung reagiert, als 1898 deutsche Missionare angegriffen worden waren. Dabei wurde ein ganzes Dorf in Schutt und Asche gelegt.

Mit Eisenbahnbau und Mission wurde die ausländische Präsenz besonders negativ von der chinesischen Bevölkerung empfunden. Die aus vielen westlichen Ländern gekommenen, nach den „ungleichen Verträgen" weit ins chinesische Hinterland vorgedrungenen Missionare, die seit den 1860er-Jahren auch Grundbesitz erwerben durften, lehrten in ihren Schulen zwar einerseits nützliche Dinge wie Mathematik, Geografie und Englisch, stellten aber mit ihren christlich-abendländischen Wertvorstellungen die Basis des chinesischen Selbstverständnisses in Frage. Bisher hatten die klassischen konfuzianischen Schriften allein Regeln für Gesellschaft und Familie gegeben, nun verweigerten die konvertierten Christen ideelle und materielle Beiträge zu den religiösen Feierlichkeiten und Tempelfesten, wollten sogar Tempel zu Kirchen umfunktionieren. Hinzu kam, dass oft solche Chinesen zum Christentum konvertierten, die zu Randgruppen der chinesischen Gesellschaft gehörten (Arme, Straffällige, religiöse Abweichler), und gerade diese nun aber von den Missionaren und dem hinter ihnen stehenden ausländischen Militär geschützt wurden.

Äußere Bedingungen hatten zudem in Nordchina ein erhebliches Protestpotential geschaffen: Dreimal hatte der Huanghe (Gelbe Fluss) großflächige Überschwemmungen mit Tausenden von Opfern verursacht (1852–1855; 1886/7; 1898); eine Dürre mit folgender Hungersnot hatte zwischen 1876 bis 1879 Millionen Tote gefordert. Hunderttausende Obdachlose und Arme zogen im Land umher und verunsicherten die Bevölkerung. Diese schützte sich, indem sie traditionelle Faustkampfgemeinschaften zur Selbstverteidigung organisierte; andererseits schlossen auch die Entwurzelten sich in solchen Geheimgesellschaften zusammen. Im Sommer 1898 entstanden in Shandong die „Faustkämpfer für Gerechtigkeit und Harmonie" (Yihequan; auch: „Verband für Gerechtigkeit und Harmonie": Yihetuan = „Boxer"), die aufgrund magischer Besessenheitsrituale an ihre Unverwundbarkeit glaubten. Besonders die zahllosen Konflikte mit den Missionen schürten nun die Fremdenfeindlichkeit, so dass 1898 die nur lose untereinander verbundenen Boxergruppen sich unter der Parole „Unterstützt die Qing-Dynastie, vernichtet alles Ausländische" zusammenfanden.

Nachdem Anfang 1900 ein britischer Missionar den Boxern zum Opfer gefallen war, eskalierten die Ereignisse sehr rasch, wobei auf chinesischer Seite viel Unübersichtlichkeit und Uneinigkeit herrschte. Ein Teil der chinesischen Regierung war gegen diesen Volksaufstand; so unterdrückte der Gouverneur Yuan Shikai mit seinen Truppen die Boxerbewegung im deutschen Interessengebiet Shandong. Aus dem ganzen Land flohen Missionare und chinesische Christen nach Beijing, vor allem, nachdem die Boxer Eisenbahn- und Telegrafenlinien von der Hafenstadt Tianjin nach Beijing unterbrochen hatten. Die Qing-Regierung unternahm nichts gegen Tausende von Boxern, die allmählich nach Beijing einzogen. Nachdem eine internationale Entsatztruppe am 9. Juni auf dem Marsch von Tianjin nach Beijing durch Boxer und reguläre chinesische Einheiten zurückgeschlagen worden war, verbarrikadierten sich die Ausländer im Gesandtschaftsviertel Beijings. Bei nächtlichen Razzien in der Stadt erschossen Wachsoldaten und Diplomaten – darunter auch der

deutsche Gesandte Clemens von Ketteler – mehrere Boxer. Am 11. Juni wurde ein japanischer Botschaftssekretär ermordet. Am 15. ordnete die chinesische Regierung die Bekämpfung der Boxer an. Doch als am 17. Juni ausländische Marinesoldaten die Dagu-Forts bei Tianjin eroberten, provozierten sie den Krieg. Daraufhin forderte die kaiserliche Regierung am 19. Juni die Ausländer auf, Beijing zu verlassen. Am 20. wurde der deutsche Gesandte von Ketteler ermordet, als er auf dem Weg zum Zongli Yamen (chinesisches Außenamt) war. Am 21. erklärte die kaiserliche Regierung offiziell den ausländischen Mächten den Krieg. Zahlenmäßig weit überlegene Regierungstruppen belagerten das Gesandtschaftsviertel, ohne aber einen ernsthaften Versuch zur Erstürmung zu machen. Die Regierung betrachtete die Eingeschlossenen eher als Geiseln, die sie im Juli, nachdem ausländische Truppen bei Tianjin gelandet waren, sogar mit Lebensmitteln versorgte. Am 14. August eroberte eine alliierte Armee von ca. 20 000 Soldaten aus Italien Japan, Russland, USA, Großbritannien, Frankreich und Österreich-Ungarn Beijing und plünderte es. Das deutsche Ostasienkorps von etwa 20 000 Mann traf erst Anfang Oktober ein, als die militärischen Aktionen schon beendet waren. Es tat sich vor allem bei den „Strafexpeditionen" hervor, die die alliierten Truppen in der Nordprovinz gegen tatsächliche oder vermeintliche Boxer durchführten. Während des Boxeraufstandes waren 231 Ausländer und ca. 30 000 chinesische Christen getötet worden. Etwa 280 deutsche Soldaten kamen durch Krankheiten und Unglücksfälle um, bei Kampfhandlungen nur 60. Wie viele Chinesen, auch Frauen und Kinder bei den Strafexpeditionen umkamen, ist nicht feststellbar. Die gerade 1899 auf einer Konferenz in Den Haag zum Kriegsrecht getroffenen Vereinbarungen banden nur die beteiligten Staaten, zu denen China nicht gehörte. Die deutschen Soldaten – ausschließlich oft wenig disziplinierte Freiwillige – waren zusätzlich durch die „Hunnenrede" Kaiser Wilhelms II. motiviert, alle Kriegsregeln außer Acht zu lassen. Dies führte zu einer erregten Debatte im Deutschen Reichstag.

Der chinesische Hof war rechtzeitig vor dem Eintreffen der alliierten Armee aus Beijing geflüchtet. Fast ein Jahr dauerte es, bis die Verhandlungen der Siegermächte untereinander und dann mit der chinesischen Regierung zu dem letzten jener „ungleichen Verträge" führten, der als „Boxerprotokoll" am 7. September 1901 unterzeichnet wurde. Zwölf hohe chinesische Beamte wurden als Verantwortliche hingerichtet, viele Befestigungen zerstört, den Ausländern das Recht auf größere Garnisonen eingeräumt, die staatlichen Prüfungen in 45 Städten ausgesetzt, damit dort der chinesischen Elite der Zugang zu hohen Beamtenpositionen verwehrt wurde. Eine Entschädigung von 333 Millionen Dollar war zu zahlen, was die Hälfte des chinesischen Staatshaushalts bis 1910 beanspruchte. Dem Deutschen Reich wurde nicht nur die Errichtung eines Marmor-Denkmals (Kosten: eine Million Reichsmark) für den ermordeten Gesandten zugestanden, sondern auch die Aussendung einer Sühnemission: Ein Bruder des chinesischen Kaisers, Prinz Chun, sollte sich in Berlin für die Ermordung des Gesandten entschuldigen. Auf den eigentlich geforderten Kotau des Prinzen verzichtete Kaiser Wilhelm II.; nach dem formellen Entschuldigungsakt reiste der Prinz wie ein Staatsgast durch Deutschland, wo man ihm mit viel Neugier am Exotischen begegnete.

2

14 Bewaffnete „Boxer" ziehen in eine chinesische Stadt ein.

15 Konflikte um den Eisenbahnbau

a) Bericht des Magistrats von Gaomi, Ge Zhitan, an den Gouverneur von Shandong, Yu Xian, 13.7.1899:

Insgesamt haben die deutschen Soldaten 13 Bauern getötet und acht verletzt. Ich habe mich bereits davon überzeugt, dass die Angaben stimmen. Wie es heißt, soll es noch weitere Tote und Verletzte geben. Sobald ich ver-
5 lässliche Informationen habe, werde ich Bericht erstatten. Am Morgen des 19. zerstörten die Deutschen am Osttor eine unserer Kanonen, wobei zwei Leute getötet wurden. Außerdem ritt eine deutsche Staffel in das vier Kilometer westlich von der Stadt gelegene Liugezhuan und wollte es
10 inspizieren. Doch die Dorfbewohner hatten sich hinter den Wällen verschanzt und gewährten keinen Einlass. Bei der Erstürmung soll es ebenfalls Tote und Verwundete gegeben haben. Nach Feststellung der Tatsachen werde ich Euer Exzellenz informieren. [...]
15 In der Akademie, in der sich die Deutschen einquartiert haben, sind die meisten Einrichtungsgegenstände und Bücher verbrannt worden. Am 21. erreichte ein weiteres deutsches Truppenkontingent von über 100 Mann die Stadt. Auch sie bezogen in der Akademie Unterkunft. Die
20 Stadt liegt öde und verlassen da. Neun von zehn Häusern stehen leer, da die Bewohner das Weite gesucht haben. Die Deutschen patrouillieren regelmäßig durch die angrenzenden Dörfer, um Aufwiegler aufzuspüren. [...] Jeden Tag müssen den Deutschen für ihre Verköstigung
25 mehrere Rinder und eine größere Menge an Nahrungsmitteln zur Verfügung gestellt werden. Ganz gleich, wie hoch ihre Forderungen auch sind, sie verlangen jedes Mal eine prompte Ausführung, bei der nicht die kleinste Verzögerung geduldet wird. Wenn es zu solchen einmal kommt, lassen sie ihrer Wut an den Leuten freien Lauf und schika- 30 nieren sie auf die verschiedenste Weise.

Aus: Mechthild Leutner (Hg.), Klaus Mühlhahn (Bearb.): „Musterkolonie Kiautschou". Die Expansion des Deutschen Reiches in China. Deutsch chinesische Beziehungen 1897 bis 1914. Eine Quellensammlung. Berlin 1997, S. 277 f.

b) Der beim Bau der Shandong-Bahn beschäftigte deutsche Ingenieur Lutz Weiler berichtete in einem privaten Brief am 4. März 1900:

Was die Unruhen bei Gaomi anbelangt, so bedauere ich mitteilen zu müssen, dass dieselben den Deutschen zur Last fallen. [...] Die Aktiengesellschaft, die sich in Berlin gebildet hat (Schantung-Eisenbahn-Gesellschaft), besteht nur aus deutschen Firmen. Die Chinesen sind gar nicht 5 gefragt worden, daran teilzunehmen. Es ist ferner nie versucht worden, mit den Chinesen dem § 3 entsprechend einen besonderen Eisenbahnvertrag abzuschließen. Die Ingenieure werden einfach in chinesisches Gebiet geschickt, um Vorarbeiten zu machen und sobald die Linie abgesteckt 10 war, wurde mit der Schüttung der Dämme begonnen. Die Einsprüche der chinesischen Behörden gegen dieses Verfahren wurden einfach abgewiesen. Man vermutet, dass die chinesischen Behörden das Volk über die Rechtsverletzung der Deutschen unterrichtet haben; daher die Erbitterung 15 der Landbevölkerung. So unsympathisch mir die Chinesen sind, so hoffe ich doch, dass das Kaiserwort: Recht muss Recht bleiben, auch hier zur Geltung kommen wird.

Zit. nach: Rainer Falkenberg: Lutz Weilers Briefe aus China (Dez. 1897–Aug. 1901). Materialien zur Entwicklung in Qingdao und zum Bau der Shandong-Bahn. In: Kuo Heng Yü/Mechthild Leutner (Hg.): Beiträge zur Geschichte der deutsch chinesischen Beziehungen. (Berliner China Studien 12) München 1986, S. 113–134; hier: S. 127 f.

2 China und das Vordringen des Westens – marginale Berührung oder erzwungene Modernisierung?

2

16 Kriegserklärung Chinas

Kaiserliches Dekret, 25. Tag des 5. Monats im 26. Jahr des Guang-xu-Kaisers (21. Juni 1900):

Unsere Dynastie hat in den mehr als zweihundert Jahren ihres Bestehens große Güte und tiefes Wohlwollen walten lassen. Alle Fremden, die nach China kamen, erfuhren durch unsere Vorfahren stets freundliche Aufnahme. In
5 der Zeit der Kaiser Daoguang [1821–1850] und Xianfeng [1851–1861] wurde ihnen erlaubt, Handel zu treiben. Ferner baten sie darum, in unserem Lande ihre Religion verbreiten zu dürfen. In dem Bestreben, im Menschen das Gute zu sehen, gab der Hof schließlich auch diesem Anlie-
10 gen nach. Anfangs hielten sich die Fremden an den gegebenen Rahmen und unterwarfen sich den von der chinesischen Seite festgelegten Beschränkungen.

Nachdem unser Land dreißig Jahre lang große Nachsicht gezeigt hat und ausschließlich auf eine Befriedung
15 der Lage bedacht war, haben das nunmehr die Fremden ausgenutzt, um plötzlich überall Unruhe zu stiften, unser Land zu schikanieren, unsere Territorien zu besetzen, auf unserem Volk herumzutrampeln und uns unserer Reichtümer zu berauben.
20 Wenn der Hof auch nur die kleinsten Zugeständnisse machte, verstärkten die Fremden ihre Willkürakte. Diese werden von Tag zu Tag schlimmer und erstrecken sich auf alle Bereiche, sie reichen von der Unterdrückung einfacher Bürger bis zur Schmähung unserer Heiligen und Weisen.
25 Unsere Landeskinder erfüllte das mit Hass und Zorn und sie verlangten Genugtuung. Darin liegt die Ursache, weshalb die Krieger der Gerechtigkeit (yiyong) christliche Kirchen niederbrannten und zerstörten und [chinesische] Gläubige töteten. [...]
30 Der Hof kam den Fremden bis zum Äußersten entgegen. Aber diese kannten keine Dankbarkeit, sondern versuchten im Gegenteil uns skrupellos zu erpressen. [...] Mit Tränen in den Augen haben wir heute im Ahnentempel die Vorfahren [von unserer Entscheidung] in Kenntnis
35 gesetzt. Vor den Soldaten haben wir einen leidenschaftlichen Schwur abgelegt: Besser ist es, unser Äußerstes zu geben, um im Kampf die Entscheidung zu erzwingen, als um unsere Existenz zu betteln und ewige Schmach auf uns zu laden. [...] Die Fremden stützen sich auf Betrug und In-
40 trigen, wir auf die Herzen der Menschen. Ganz gleich in welcher Stellung, zur Verteidigung von Treue und Glaubwürdigkeit, von Sitte und Gerechtigkeit sind alle bereit, den Tod nicht zu fürchten. Unser Land umfasst mehr als zwanzig Provinzen und hat
45 eine Bevölkerung von über 400 Millionen. Wie sollte es da schwierig sein, der von den Fremden gelegten Feuersbrunst Einhalt zu gebieten und die Autorität unsere Staates zu bewahren!

Aus: Roland Felber: Die Kriegserklärung der Kaiserinwitwe vom 21. Juni 1900 und die Belagerung des Gesandtschaftsviertels. In: Susanne Kuß / Bernd Martin (Hg.): Das Deutsche Reich und der Boxeraufstand. München 2002, S. 59–75; hier: S. 73–75.

17 „Hunnenrede" des deutschen Kaisers

Rede Kaiser Wilhelms II. bei der Verabschiedung des Expeditionskorps für China (27.7.1900):

[...] Die Aufgabe, zu der Ich Euch hinaussende, ist eine große. Ihr sollt schweres Unrecht sühnen. Ein Volk, das, wie die Chinesen, es wagt, tausendjährige Völkerrechte umzuwerfen und der Heiligkeit der Gesandten und der
5 Heiligkeit des Gastrechts in abscheulicher Weise Hohn spricht, das ist ein Vorfall, wie er in der Weltgeschichte noch nicht vorgekommen ist und dazu von einem Volke, welches stolz ist auf eine vieltausendjährige Kultur. Aber Ihr könnt daraus ersehen, wohin eine Kultur kommt, die nicht auf dem Christentum aufgebaut ist. Jede heidnische 10 Kultur, mag sie noch so schön und gut sein, geht zugrunde, wenn große Aufgaben an sie herantreten. So sende ich Euch aus, dass Ihr bewähren sollt einmal Eure alte deutsche Tüchtigkeit, zum zweiten die Hingebung, die Tapferkeit und das freudige Ertragen jedweden Ungemachs und 15 zum dritten Ehre und Ruhm unserer Waffen und Fahnen. Ihr sollt Beispiele abgeben von der Manneszucht und Disziplin, aber auch der Überwindung und Selbstbeherrschung. Ihr sollt fechten gegen eine gut bewaffnete Macht, aber Ihr sollt auch rächen, nicht nur den Tod des Gesand- 20 ten, sondern auch vieler Deutscher und Europäer. Kommt Ihr vor den Feind, so wird er geschlagen, Pardon wird nicht gegeben; Gefangene nicht gemacht. Wer Euch in die Hände fällt, sei in Eurer Hand. Wie vor tausend Jahren die Hunnen unter ihrem König Etzel sich einen Namen 25 gemacht, der sie noch jetzt in der Überlieferung gewaltig erscheinen lässt, so möge der Name Deutschland in China in einer solchen Weise bekannt werden, dass niemals wieder ein Chinese es wagt, etwa einen Deutschen auch nur scheel anzusehen. Ihr werdet mit Übermacht zu kämpfen 30 haben, das sind wir ja gewöhnt, unsere Kriegsgeschichte beweist es. [...] Gebt, wo es auch sei, Beweise Eures Mutes, und der Segen Gottes wird sich an Eure Fahnen heften und es Euch geben, dass das Christentum in jenem Lande seinen Eingang finde. Dafür steht Ihr Mir mit Eurem Fah- 35 neneid, und nun glückliche Reise. Adieu Kameraden.

Mechthild Leutner (Hg.)/Klaus Mühlhahn (Bearb.): „Musterkolonie Kiautschou". Die Expansion des Deutschen Reiches in China. Deutschchinesische Beziehungen 1897 bis 1914. Eine Quellensammlung. Berlin 1997, S. 500f.

18 Chinesischer Bettler in Qingdao um 1900

2

19 Reichstagsdebatte über die deutsche Militäraktion in China

Die Fakten aus den von August Bebel zitierten sog. „Hunnenbriefen" deutscher Soldaten wurden von der Forschung bestätigt.

a) Sitzung vom 19. November 1900
Graf von Bülow, Reichskanzler:
Der Sturm, der sich jetzt in China erhoben hat, richtet sich nicht allein gegen Deutschland, überhaupt gegen keine einzelne fremde Macht, sondern gegen alle gesit-
5 teten Völker; er richtet sich auch nicht allein gegen die Gesandten oder Konsuln, sondern er richtet sich gegen die Ingenieure und Missionare, gegen die Kaufleute und Eisenbahnarbeiter, er richtet sich gegen alle Fremden. Es ist die europäische Zivilisation, der sich zu ihrer Ehre die
10 intelligente und zukunftsreiche japanische Nation ange-schlossen hat; diese stand und steht der Barbarei der Bo-xerbewegung gegenüber. [...] Wir führen in China keinen Eroberungskrieg; aber wir wünschen eine möglichst rasche und möglichst gründliche Beilegung der chinesischen Kri-
15 sis durch Sühne für die begangenen Untaten und Wieder-herstellung und Sicherstellung geregelter Zustände. Süh-ne verlangen wir aus dem einfachen Grunde, weil, wenn keine Strafe eintritt, damit ein Freibrief ausgestellt werden würde für ähnliche Untaten. [...]
20 Wir wollen, dass die europäische Kulturbewegung und die europäische Zivilisation in China nicht gehemmt wird, und dass Deutschland innerhalb dieser Bewegung den ihm zukommenden Einfluss ausübt. [...] Deutschland hat nach meiner Ansicht kein Interesse an einer Aufteilung
25 von China [...] wir haben gar kein Interesse daran, die Aufteilung von China herbeizuführen, wir wünschen ei-ne solche Auflösung nicht; unser Interesse ist, dass China Zeit erhalte, sich in die neue Ordnung der Dinge, in die allmähliche und friedliche Aufnahme der europäischen
30 Kultur hineinzuleben, und dass wir Zeit erhalten, unsere Position in China auszubauen, zu entwickeln und zu kräf-tigen. Wir fahren, meine Herren, am besten, wenn Chi-na unter möglichst geregelter Verwaltung aufnahmefähig und zahlungsfähig bleibt. *(Heiterkeit links).* [...]

Vor allem aber hat die Haltung unserer Leute da drüben, 35 die Art und Weise, wie die Leute überall im Feuer ihren Mann gestanden haben, gezeigt, dass der deutsche Soldat noch der alte ist, – und darüber wenigstens, meine Herren, wollen wir uns alle freuen.

b) Abgeordneter August Bebel, Vorsitzender der Sozialdemokra-tischen Partei:
Ich klage hiermit Europa und die Vereinigten Staaten an, dass sie die wirklichen Urheber der Wirren sind, die wir in China haben. [...] Ich stehe den Missionen sehr in-different gegenüber; mir ist die katholische wie die pro-testantische Mission gleich lieb und gleich unlieb. Wenn 5 die Anhänger dieser Religionen das Bedürfnis empfinden, in einem fremden Lande Propaganda für ihre religiösen Überzeugungen zu machen, so ist das ihre Privatsache. *(Sehr richtig! Bei den Sozialdemokraten.)*
Es sollte der Staat, oder das Reich, welchem sie als Unter- 10 tanen angehören, sie nicht in Schutz nehmen; sie selbst sollten für das, was sie als Missionare tun oder lassen, die Verantwortung zu tragen haben. [...]
Glauben Sie wirklich, dass irgendein Volk der Welt sich etwas Ähnliches hätte bieten lassen, wie die Chinesen 15 viele Jahre lang es sich haben gefallen lassen? Was würde Deutschland tun, wenn ein auswärtiger Feind ihm auch nur einen Fuß breit Landes nähme? Die ganze Nation würde aufstehen wie ein Mann und das zurückweisen. Und was Sie nicht sich, nicht der eigenen Heimat zumu- 20 ten, dürfen Sie auch von Fremden nicht verlangen. [...] Und dann, meine Herren, noch eins! Alles das, was ich seither über die Stellung der Mächte zu China dargelegt habe, und noch vieles andere, wessen entspringt das? Ganz einfach dem brutalen Machtbewusstsein der Mächte 25 und der souveränen Verachtung, die sie gegen China und die Chinesen haben.
(Sehr wahr! Bei den Sozialdemokraten.)
Es ist dieselbe souveräne Verachtung, die unsere Koloni-satoren gegen den Neger und die Eingeborenen der Kolo- 30 nien haben *(sehr wahr! Links),*

20 Hinrichtung des Mörders des deutschen Gesandten Kettler, in einem populären Werk über den Boxerkrieg

dieselbe souveräne Verachtung, die sie nicht veranlasst, trotz ihres Christentums in dem Fremden auch den Menschen zu sehen. [...]

35 Und wie hat sich die Kriegführung bisher abgespielt? Es ist das Allerärgste, was jemals vorgekommen ist. [...] Sehen wir an einigen wenigen Beispielen, wie es dort in China zugeht. Briefe von dort sind in großer Zahl veröffentlicht worden. [...] Meine Herren, es sind nicht bloß sozialde-
40 mokratische Blätter, sondern Blätter aller Parteien [...] Da wird nun in einem Briefe vom 26. August mitgeteilt, wie man 76 Gefangene gemacht, von denen außer acht Jungen, die man laufen ließ, 68 erschossen wurden, indem man sie mit den Zöpfen aneinanderband, sie vorher
45 zwang, ihr Grab zu schaufeln, worauf sie erschossen wurden und rückwärts in das Grab fielen.
(Bewegung bei den Sozialdemokraten.)
Das ist so scheußlich, wie man es sich nur vorstellen kann. Die gefangenen Chinesen – heißt es in einem anderen
50 Briefe – haben wir alle totgeschossen, aber auch alle Chinesen, die wir sahen und kriegten, haben wir alle niedergestochen und – geschossen; die Russen spießten kleine Kinder, Frauen und alles auf ...
(Bewegung. Hört, hört bei den Sozialdemokraten.)
55 Das ist hunnisch und barbarisch. [...] In einem Brief vom 1. September schreibt ein junger Mann, Soldat, an seine Mutter:
Wie es hier während des Krieges zugeht, liebe Mutter, ist mir unmöglich zu beschreiben; denn so ein Gemorde und
60 Geschlachte ist geradezu toll, was daher kommen soll, weil die Chinesen außerhalb des Völkerrechts stehen, weshalb auch keine gefangen genommen werden, sondern alles wird erschossen oder, um Patronen zu sparen, sogar erstochen. Am Sonntag nachmittag – zur Heilighaltung
65 des Sonntags wahrscheinlich – haben wir 74 Gefangene mit dem Bajonett erstechen müssen.

Aus: Stenographische Berichte über die Sitzungen des Reichstags. 10. Legislaturperiode. 2. Session 1900/1902. Erster Band. Berlin 1901, S. 13, 23, 25, 26, 33.

21 „Seit dem Dreißigjährigen Krieg [...] ist ähnliches an Verwüstungen noch nicht vorgekommen"
Alfred Graf Waldersee, Kommandant des deutschen Expeditionskorps, beschreibt seine Eindrücke von den Spuren der von den Alliierten – noch ohne wesentliche deutsche Beteiligung – ausgetragenen Kämpfe:

Tagebuch, 12. November 1900
Wenn man bei uns zu Haus so harmlos ist zu glauben, es würde hier für christliche Kultur und Sitte Propaganda gemacht, so gibt das eine arge Enttäuschung. Seit dem
5 Dreißigjährigen Krieg und den Raubzügen der Franzosen zur Zeit Ludwigs XIV. in Deutschland ist ähnliches an Verwüstungen noch nicht vorgekommen. Ich habe hier wohl etwas Ordnung geschaffen. Offizielle Plünderungen kommen nicht mehr vor. [...]
10
12. Februar 1901
Jetzt erhalten wir hier Kenntnis von den Angriffen der Sozialdemokraten gegen die hiesige Kriegführung auf Grund von Schauergeschichten, die in Soldatenbriefen erzählt
15 werden, und von dem Unsinn, den viele Zeitungen darüber verbreiten. [...] Neun Zehntel der Geschichten sind Lügen und maßlose Übertreibungen. Dass es auf ein jugendliches Gemüt großen Eindruck macht, wenn man Tage hindurch Städte und Dörfer als Brandstätten, zerstörte

und geplünderte Tempel sieht, auf Menschenleichen und 20 Tierkadaver stößt, ist wohl zu verstehen; kommt dann noch etwas Eitelkeit hinzu, der Wunsch, zu Hause bewundert zu werden, so hilft die Phantasie nach und die Schauermärchen sind fertig. Dass viele Chinesen erschossen worden sind, ist ganz richtig; sie hatten es aber immer 25 verdient, namentlich nach chinesischer Auffassung. Diese sich anzueignen würde ich für Pflicht derjenigen halten, die bei uns zu Hause sich berufen fühlen, Kritik zu üben.

Aus: Heinrich Otto Meisner (Hg.): Denkwürdigkeiten des General-Feldmarschalls Alfred Grafen von Waldersee. Hrsg. von Heinrich Otto Meisner. Stuttgart und Berlin 1921, 3. Bd., S. 20, 48, 97.

22 „Unglücklicherweise [...] zwei verkehrte Dörfer"
Der 21-jährige aus der Nähe von Oldenburg stammende Wehrpflichtige Heinrich Haslinde hatte sich als Kavallerist freiwillig zum Expeditionskorps gemeldet und berichtete seinen Eltern in Briefen über seinen Einsatz:

Am 24. Oktober kam der Befehl, dass von Paotingfu ein deutsches Bataillon und etwa 20 Reiter aufbrechen sollten, um einige Boxerdörfer niederzubrennen und einige kaiserliche (chinesische) Truppen zu schlagen. Ich hatte das Glück, an diesem Streifzuge teilnehmen zu dürfen. [...] 5
Um 7 Uhr abends kamen wir vor Than an und besetzten die Tore. 20 Reiter besetzten 3 Tore einer Stadt von 10 000 Einwohnern. An diesem Tage sind wir von des Morgens 5 Uhr bis abends 7 Uhr im Sattel gewesen. Es dauerte nicht lange, so kam denn auch die Infanterie, die 10 glücklicherweise nicht den Umweg gemacht hatte. Sie besetzten die Tore und wir bezogen Quartiere. Am anderen Morgen wurden die drei obersten Mandarine gefangen. In dieser Nacht wurden 2 Kompanien Infanterie abgeschickt, um 2 Boxerdörfer zu umzingeln, alles niederzumachen 15 und das Dorf niederzubrennen. Unglücklicherweise trafen die Kompanien auf zwei verkehrte Dörfer, zerstörten sie von Grund auf, nachdem sie zuvor alle Einwohner mit Bajonetten niedergestochen hatten. Am nächsten Tage wurden wir abgeschickt, machten 60 Gefangene, töteten 20 30 Mann und steckten die Dörfer an. In der Nacht vom 19. zum 20. Oktober brachen wir um 12 Uhr auf, um eine etwa 20 km entfernt liegende Stadt zu überrumpeln. Bei der größten Finsternis ging's fort. Unsere 60 Gefangenen nahmen wir mit. Von diesen kamen auf dem Nachtmarsch 25 nicht weniger als 40 um. Die Führer führten uns auf Umwegen zur Stadt und wir erreichten sie gegen 9 Uhr morgens. Diese Nacht werde ich nie vergessen. Stockfinster, grimmige Kälte, ohne Mantel, die schlechtesten Wege usw. Der Mandarin dieser Stadt kam uns mit seinem Gefolge 30 vor den Stadttoren entgegen und brachte uns Ochsen, Ziegen, Schafe, Hühner, Gänse, Enten usw. als Geschenk. Wir bezogen in der Stadt Quartiere und lagen ganz leidlich.

Aus: Marlis Ottmann (Hg.): Heinrich Haslinde: Tagebuch aus China 1900–1901. München 1990, S. 52–54.

2

23 Das deutsche Oberkommando war in den Wohnräumen des Kaiserpalastes in Bejing untergebracht, in der bis dahin Ausländern strikt „Verbotenen Stadt". Gruppenfoto deutscher Offiziere zusammen mit Militärs anderer europäischer Besatzungsmächte.

24 **China bezahlt seinen Feinden den Krieg**

Zur gleichen Zeit, als China gezwungen wurde, seinen Aggressoren erdrückende Kriegsentschädigungen zu zahlen, nämlich am Ende des 19. Jahrhunderts, verschärfte sich die Abwertung des chinesischen Silbers im Verhältnis
5 zum Gold des von den Westmächten beherrschten Welthandels. Ein liang von 38 Gramm Silber, das im Jahr 1887 1,20 amerikanische Dollar wert gewesen war, hatte fünfzehn Jahre später die Hälfte seines Wertes eingebüßt und entsprach im Jahr 1902 nur mehr 0,62 amerikanischen
10 Dollar. Trotz eines leichten Wiederanziehens gegen Ende des Ersten Weltkrieges sank der Silberpreis weiter. Diese grundlegende Schwäche der chinesischen Währung wurde durch das Defizit der Handelsbilanz und durch die hohen Kriegsentschädigungen verschlimmert. Die Reparationen,
15 die bis zum Vertrag von Shimonoseki für die chinesische Wirtschaft noch auf erträgliche Summen beschränkt waren, konnten von etwa 1900 an nur mehr mit Hilfe von Anleihen bei ausländischen Banken teilweise abbezahlt werden. Die Kriegsentschädigung, die Japan nach sei-
20 nem Sieg forderte, machte schon drei Jahreseinkommen des chinesischen Staates aus. Und die Entschädigung für den Boxerkrieg sechs Jahre später überstieg in noch viel höherem Maß die Zahlungsfähigkeit Chinas. Denn diese 450 Millionen Silberdollar bedeuteten in Wahrheit eine
25 Last von 982 Millionen, wenn man die sehr hohen Zinsen hinzuzählt, die China zur Abzahlung seiner Schulden leisten musste. Im Jahr 1911 betrugen die chinesischen Staatsschulden 200 Millionen Silberdollar; im Jahr 1924 erreichten sie schon 800 Millionen amerikanische Dollar.
30 Es wurde immer deutlicher, dass dieses Land, in dem so viele Menschen im tiefsten Elend lebten und das so viele Katastrophen heimsuchten, niemals den Schuldenberg abtragen könnte, den ihm die reichsten und blühendsten Nationen der Welt aufgezwungen hatten. [...]
35 Vom Jahr 1895 an hatte China die dreifache Last der Kriegsentschädigungen, der Anleihen bei ausländischen Banken und der Ausgaben zur Schaffung moderner Armeen zu tragen. Zu dieser enormen Belastung kam die

Wirkung spezifischerer Faktoren, die die chinesische Wirtschaft umwandelten und schwächten. Sie wurde im- 40 mer abhängiger von den Schwankungen des Weltmarktes und folglich viel krisenanfälliger. Das Handwerk und die Landwirtschaft passten sich der Nachfrage von außen an, indem sie auf Kosten der Nahrungsmittel neue Kulturen anpflanzten beziehungsweise neue Arten von Heimar- 45 beit entwickelten (so zum Beispiel das Weben von importiertem Baumwollgarn). Deshalb kam es in manchen Sektoren zu Perioden des Wohlstands, auf die plötzliche Rezessionen folgten. Der Import von Baumwollgarn, der in den Jahren 1870–1880 von 33 000 Pikul* auf 38 700 Pi- 50 kul angestiegen war, sank anschließend aufgrund der massiven Einfuhr von billigen Baumwollstoffen. In manchen Regionen wurde das chinesische Baumwollhandwerk durch die Invasion europäischer und insbesondere englischer Textilien zwischen 1893 und 1899 und ameri- 55 kanischer Baumwollstoffe in den Jahren 1899–1900 ruiniert. Die Baumwolleinfuhr erreichte im Jahr 1920 ihren Höhepunkt und nahm anschließend aufgrund des Elends wieder ab. Der Tee-Export war zwischen 1830 und 1880 rapid angestiegen, von 30 Millionen Pfund auf 150 Mil- 60 lionen Pfund. Aber wegen der Teeplantagen in Indien, Ceylon und Japan, wo man sich auf Techniken industrieller Produktion umstellte, sank der Teepreis vom Jahre 1880 an. Sieben Jahre später lagen in manchen Provinzen schon $^8/_{10}$ der chinesischen Teeplantagen brach: Das be- 65 deutete den Ruin eines bis dahin blühenden Sektors der chinesischen Wirtschaft. Eine ähnliche Entwicklung traf die Seidenproduktion: Während der Seidenexport in den Jahren 1885–1887 einen deutlichen Wiederaufschwung genommen hatte, litt er bald darauf unter der Konkurrenz 70 von Seidenwaren aus Japan, Frankreich (Lyon) und Italien. [...]

Aus: Jacques Gernet: Die chinesische Welt. Die Geschichte Chinas von den Anfängen bis zur Jetztzeit. (Paris 1972) Frankfurt/M. 1979, S. 510–512.

* Pikul: ostasiatisches Gewicht, ca. 60 kg

2 China und das Vordringen des Westens – marginale Berührung oder erzwungene Modernisierung?

2

25 Prinz Chun, der „Sühneprinz" 1901 in Berlin, wo er die Entschuldigung des chinesischen Kaisers für die Ermordung des deutschen Gesandten von Ketteler überbrachte.

26 Tagebuch des „Sühneprinzen" Chun in Berlin 1901

3. September. Ich bestieg eine Kutsche des Kaisers und wurde zur Orangerie des Schlosses von Sanssouci gefahren. [...] Unzählige Menschen säumten beide Seiten des Weges. Die Menschenkette riss bis zum Schloss nicht
5 ab. Ganz gleich, ob es sich um Alt oder Jung handelte, die Leute lüfteten jedes Mal die Kopfbedeckung zum Gruß, wenn ich mit dem Wagen vorbeifuhr. [...]
7. September: Einer Einladung des Staatssekretärs v. Richthofen Folge leistend, nahm ich an einem Gartenkonzert im Auswärtigen Amt teil. [...] Im Garten befanden sich 10 Anlagen für Tennis und ähnliche Sportarten, bei denen man sich unter freiem Himmel etwas Bewegung verschaffen kann. Obwohl es sich um Vergnügungen handelt, kann man doch hier etwas vom aktiven Geist spüren.

Chun qinwang shi de riji (Tagebuch der Deutschlandreise des Prinzen Chun). In: Jindaishi ziliao 73 (1989), S. 153–156. Aus dem Chinesischen übersetzt von Peter Merker. Zit. nach: Mechthild Leutner (Hg.)/ Klaus Mühlhahn (Bearb.): „Musterkolonie Kiautschou". Die Expansion des Deutschen Reiches in China. Deutsch-chinesische Beziehungen 1897 bis 1914. Eine Quellensammlung. Berlin 1997, S. 503–507.

2.3 Chinesische Substanz – westliches Wissen für die Praxis; Chinas „Selbststärkung" und ihre Hindernisse

Erst die Niederlage im Boxerkrieg machte den Weg frei dafür, dass China sich auf den westlichen Weg begeben konnte, was freilich noch mehr als ein halbes Jahrhundert bis zur völligen Realisierung beanspruchen sollte. Nach allen größeren Niederlagen gab es Anläufe, China zu reformieren, doch scheiterten sie stets an inneren und äußeren Widerständen. Die Niederlage von 1858/60 fiel 1861 mit einem Herrscherwechsel zusammen: Der Xianfeng-Kaiser starb 1861, seine Witwe Cixi teilte sich mit einem Halbbruder des Kaisers, Prinz Gong, die Regentschaft für den minderjährigen Tongzhi-Kaiser (reg. 1862–1875). Prinz Gong initiierte einige Reformen, wie die Einrichtung des Außenamtes (Zongli Yamen), eines Superintendenten für Handelsfragen sowie die Einrichtung einer Dolmetscherschule für westliche Sprachen. Diese „Selbststärkungsbewegung" förderte vor allem die Einführung moderner Waffen, deren Überlegenheit die chinesischen Niederlagen schmerzhaft bewiesen hatten. Die Reformer wollten aber das Wesen der chinesischen Zivilisation erhalten, ohne aus China einen modernen Staat im westlichen Sinne zu machen, sondern diesen nur mit westlichen Waffen entgegentreten können. Prinz Gong hatte vor allem die traditionellen Eliten gegen sich, die sich dem Bau von Eisenbahnen schlicht verweigerten wie sie überhaupt Technik für etwas Niederes hielten, mit dem sich nur die minder Gelehrten oder moralisch schlechte Charaktere beschäftigten. Im chinesischen Selbstverständnis teilte sich die Gesellschaft – in wertender Reihenfolge – in Gelehrte, Bauern, Handwerker und Kaufleute. Soldaten standen sogar außerhalb der Ordnung. Eine Aufnahme naturwissenschaftlicher Fächer in die kaiserliche Staatsprüfung wurde 1867 rundheraus abgelehnt.

Der nächste demütigende Einschnitt war die Niederlage gegen Japan 1895. Sie veranlasste den Gelehrten Kang Youwei (1858–1927), eine Eingabe an den Guangxu-Kaiser (reg. 1875–1908) zu formulieren, die von über 1200 Teilnehmern an der Staatsprüfung mit unterschrieben wurde; sie verlangten eine Fortsetzung des Krieges gegen Japan sowie weitere Reformen (Förderung modernen Wissens, Umgestaltung des Staates). Kang Youwei hatte bereits 1891 gewagt, die klassischen Schriften, die Chinas Politik und Moral seit fast 2000 Jahren bestimmten, zu kritisieren. Doch erst, als im Jahr 1898 die deutsche Besetzung Kiautschous (Jiaozhou) erneut die Schwäche Chinas offenbarte, wurde Kang zu einer Audienz beim Kaiser vorgelassen.

Sie dauerte 5 Stunden, in denen Kang die Meiji-Reformen in Japan als Vorbild darstellte. Zwischen dem 11. Juni und dem 21. September 1898 erließ der Kaiser über 50 Reformedikte („Hunderttage-Reform"), die von der Umgestaltung der Erziehung über effizientere Verwaltung, Anstoß zu Industrialisierung und Eisenbahnbau sowie Informationsreisen ins Ausland eine völlige Umkrempelung des politischen und gesellschaftlichen Systems bedeutet hätten. Cixi und die Konservativen am Hof sahen, dass die Reformen sie entmachtet hätten und handelten sofort: Der Kaiser wurde interniert,

2 China und das Vordringen des Westens – marginale Berührung oder erzwungene Modernisierung?

2

27 Kang Youwei

Kang Youwei (1858–1927), der eine traditionelle Ausbildung in den chinesischen Klassikern einschließlich der Prüfung zum höchsten Staatsamt durchlaufen hatte, bezweifelte öffentlich die Authentizität der klassischen Schriften und strebte nach Besuchen in Hongkong und Shanghai eine Modernisierung Chinas an.

mehrere Reformer hingerichtet, der Rest seiner Posten enthoben.

Kang Youwei konnte fliehen, seine Schriften wurden verboten. Erst die neuerliche, noch größere Katastrophe des Boxerkrieges ließ Reformen nun als unabweisbar erscheinen. Seit 1901 wurde eine Reihe von Edikten im Sinne der „Hunderttage-Reform" erlassen:

Ein Außen- und ein Erziehungsministerium wurden eingerichtet, der Ämterkauf verboten, der allein auf die Interpretation konfuzianischer Schriften ausgerichtete „Achtgliedrige Aufsatz" wurde als Prüfungsform durch moderne Inhalte ergänzt, schließlich 1905 die Staatsprüfungen ganz abgeschafft und ein neues Schulsystem nach westlichem Vorbild geschaffen, das Studium im Ausland gefördert, das Füße-Binden der Frauen wie das Opium-Rauchen verboten. Im Jahr 1906 versprach Cixi für die Zukunft sogar eine Verfassung.

Doch die Zeit war über die Qing-Dynastie hinweggegangen. In den letzten Jahrzehnten hatten Provinzgouverneure Macht errungen, die sich militärisch hervorgetan und westliche Technik – nicht nur für ihre Armeen – importiert hatten. Es wurde attraktiv für die Söhne der lokalen grundbesitzenden Oberschicht, im Ausland (Deutschland oder England) eine militärische Ausbildung zu absolvieren und dann in China eine militärische Karriere einzuschlagen. Patriotisches Denken siegte über die Loyalität zur Dynastie.

In der zweiten Hälfte des 19. und am Anfang des 20. Jahrhunderts war China auf dem Tiefpunkt seiner inneren Entwicklung wie der äußeren Macht angelangt. Gleichwohl kursierte seit Ende des 19. Jahrhunderts in Europa und den USA das Schlagwort von der „gelben Gefahr", d. h. einer von China und – seit dem Sieg über Russland – Japan ausgehenden politischen und gesellschaftlichen Bedrohung. Hier verdichteten sich Ängste vor einer – zunächst noch völlig irrealen – wirtschaftlichen Konkurrenz. Real war lediglich die massenhafte Auswanderung von Hunderttausenden von Chinesen, die aus den südöstlichen Provinzen seit der Jahrhundertmitte nach Südostasien, aber auch nach Hawaii, Kuba, Lateinamerika und schließlich in die USA emigrierten. Wie Hunderttausende europäischer Auswanderer nach Amerika oder osteuropäische Migranten nach Westeuropa wurden sie Teil eines globalen Arbeitsmarktes, wobei die chinesischen Kontraktarbeiter („Kulis") teilweise den durch die Aufhebung der Sklaverei entstandenen Arbeitskräftebedarf deckten. Diese Flüchtlinge vor der wirtschaftlichen Misere ihrer Heimat wurden als billige, untereinander gut organisierte Arbeitskräfte (z. B. Eisenbahnbau in den USA oder als Goldsucher in Kalifornien) bald zum Symbol einer asiatischen Bedrohung, auf die etwa die USA mit diskriminierenden Gesetzen (Einbürgerungs- und Heiratsverbot) reagierte.

28 Maschinengewehr und Feldkanone aus chinesischer Produktion im Arsenal von Nanjing. (1868)

Dort wurden mit westlicher Hilfe Waffen angefertigt gemäß der Devise „zhongxue wei ti, xixue wei yong" (chinesisches Lernen für die Substanz, westliches Wissen für das Nützliche), die der Reformer Zhang Zhidong (1837–1909) geprägt hatte.

2   China und das Vordringen des Westens – marginale Berührung oder erzwungene Modernisierung?

2

29 Nach dem Sieg Japans über China 1895 hatte Kaiser Wilhelm II. eine Szene skizziert, die von dem Maler Hermann Knackfuß als Gemälde ausgeführt wurde und weite Verbreitung fand.

Das Bild (hier: unten) zeigt den Erzengel Michael, der allegorische Frauengestalten – Verkörperungen der europäischen Nationen – auf in der Ferne dräuende Kriegsgefahr in Gestalt eines Drachen und eines Buddha hinweist. Hier ist dieses Bild integriert in einen Buchtitel, der die Einigkeit der europäischen Völker – im mittleren Bild Soldaten des alliierten Expeditionskorps – beim Kampf gegen die „Boxer" darstellen soll.

Aus: Joseph Kürschner (Hg.): China.
Schilderungen aus Leben und Geschichte, Krieg und Sieg. Ein Denkmal den Streitern und der Weltpolitik. Berlin 1902.

30 **Konfuzius über die Staatsregierung**

Kong Qiu (Kong Fuzi = Meister Kong, latinisiert zu: Konfuzius) lebte 551–479 v. Chr. Er soll die grundlegenden Schriften („Fünf Klassiker") der chinesischen Geisteswelt zusammengestellt und kommentiert haben. Kern seiner Lehre sind Verhaltensanweisungen, deren Ziel die Ausbildung zum „edlen Menschen" durch lebenslanges Lernen ist. Die einzigen authentisch überlieferten Schriften sind die „Gespräche" (Lun Yu).

Dsi Gung fragte nach (der rechten Art) der Regierung. Der Meister sprach: „Für genügende Nahrung, für genügende Wehrmacht und für das Vertrauen des Volkes (zu seinem Herrscher) sorgen." Dsi Gung sprach: „Wenn man aber keine Wahl hätte, als etwas davon aufzugeben: Auf welches von den drei Dingen könnte man am ehesten verzichten?" (Der Meister) sprach: „Auf die ‚Wehrmacht.'" Dsi Gung sprach: „Wenn man aber keine Wahl hätte, als auch davon eines aufzugeben: Auf welches der beiden Dinge könnte man am ehesten verzichten?" (Der Meister) sprach: „Auf die Nahrung. Von alters her müssen alle sterben; wenn aber das Volk keinen Glauben hat, so lässt sich keine (Regierung) aufrichten." 5

10

Aus: Kungfutse: Gespräche – Lun Yü. Aus dem Chinesischen übertragen und herausgegeben von Richard Wilhelm. Köln 1955, S. 123.

2

31 „unless we change [...] we cannot make ourselves strong" – die Audienz von Kang Youwei beim Guang-xu-Kaiser, 18. Juni 1898

Der demütigende Friedensvertrag von Shimonoseki und die Besetzung chinesischen Territoriums durch Japan und Deutschland veranlassten Kang Youwei zu Reformvorschlägen. Nach einer Audienz beim Guangxu-Kaiser erließ dieser eine Reihe von Reformedikten, doch schon nach 100 Tagen wurde er von der Kaiserinwitwe Cixi abgesetzt, mehrere Reformer hingerichtet; Kang Youwei konnte fliehen. – Der Bericht wurde nach Kangs Tod von einem seiner Schüler verfasst.

After the Emperor had asked about his age and his qualifications, the teacher said, "The four barbarians are all invading us and their attempted partition is gradually being carried out: China will soon perish." The Emperor said, "All
5 that is caused by the conservatives." The teacher reverently said, "Your Majesty's sacred intelligence has thoroughly understood the root of the illness; and since Your Majesty has understood the root of the illness, the medicine is right there. Since Your Majesty knows already that the conserva-
10 tives have caused the disaster and failure, then unless we change the old institutions entirely and make them new again, we cannot make ourselves strong." [...]
The teacher again reverently presented his views: "With regard to the matter of reform, your minister [Kang] has
15 traced the causes of the reforms in all nations and their multiple functions, in order to ascertain which may be adopted and applied in China, and he has considered and modified them to prepare a complete set of rules and regulations. If Your Majesty has made up his mind to reform
20 the institutions, it may serve him for reference." The Emperor said, "Your reform program is very detailed." The late teacher then replied, "Your Majesty's sagacity has already noted it. Why not vigorously carry it through?"
The Emperor glanced outside the screen and then said,
25 with a sigh, "What can I do with so much hindrance?" The late teacher understood that the Emperor had difficulties and so he continued to present his views [...]
Our late teacher again presented his views: "The trouble today lies in the noncultivation of the people's wisdom,
30 and the cause of the noncultivation of the people's wisdom lies in the civil service examinations based on the eightlegged essays. The eightlegged essay writers do not read the books written since the Ch'in and the Han, nor do they investigate the facts about all the nations on the
35 globe. Nevertheless, they can be enrolled as officials, and eventually reach high positions. Today, among the numerous array of ministers none of them can adapt himself to circumstances, because all of them achieve high positions through the eightlegged essay examinations." The
40 Emperor said, "It is so. Westerners are all pursuing useful studies, while we Chinese pursue useless studies. Thus the present situation is brought about." [...]
The Emperor said, "Today our anxiety is over poverty and how to raise funds." Our late teacher briefly remarked
45 that everywhere in China there are mineral resources and means of producing wealth. We should simply find ways to open up the material resources, and then we need not worry about the insufficiency of our financial resources.
Our late teacher again presented his views in detail on
50 the translation of books, the sending of students to study abroad, the dispatching of high officials to travel abroad, and such matters.

Aus: Ssu-yü Teng/John K. Fairbank: China's Response to the West. A Documentary Survey, 1839–1923. (1954) Cambridge/Mass and London/England 1979, S. 177–179.

32 Cixi (1835–1908), die Witwe des Xianfang-Kaisers, regiert faktisch seit dessen Tod 1861, formell im Namen ihres Sohnes Tongzhi (gest. 1875), dann ihres Neffen Guangxu, den sie 1898 gefangen setzen ließ.

33 „China wird von der westlichen Zivilisation nicht verschlungen werden"

Aus einem Bericht des deutschen Botschafters in Beijing, Gerhard von Mutius:
Peking, 16. Mai 1908. Die Zeremonien der größten Höfe können sich an Würde nicht messen mit der Feierlichkeit, die die Kaiserin von China umgibt. In einer hohen, von roten Säulen getragenen Halle, in der das grelle Tageslicht durch blaue Tücher abgeblendet ist, vor der bronzene Va- 5 sen, Phönixe und Löwen stehen, empfängt der Hof das diplomatische Korps. In dem dämmerigen Raum thront unbeweglich, wie ein Götzenbild auf einem Altar, die Kaiserin-Mutter. Zu ihren Füßen an der Seite der knabenhafte Kaiser. Große Pfauenwedel stehen zu ihren Häupten, 10 allerhand Wundertiere, auch Vasen aus Cloisonné, umgeben ihren Thron. Große Schalen mit Äpfeln sind wie Opfergaben vor ihr aufgestellt und verbreiten frischen Duft. Der Eindruck ist so fremdartig, dass man die große Schar der Höflinge und Prinzen im Hintergrunde vergisst. Mehr 15 aber als der Pomp, der sie umgibt, wirkt die Kaiserin selbst. Das Gewand ist schlicht, das Haupt nur im Schmucke der mandschurischen Haartracht, vor ihr liegt ein Zepter aus Korallen. Aber aus den unbeweglichen Zügen, die an sich gewöhnlich sind und einer unserer alten Bauernfrauen ge- 20 hören könnten – blitzt ein Drachenauge, das man nicht wieder vergisst. Ein halbgottähnliches asiatisches Herrschergefühl liegt in dem versteinerten Ausdruck. [...] Vor den Winken dieser alten, zweiundsiebzigjährigen Frau zittert noch heute das weltweite China. Man hat das Gefühl, 25 in ihr einer geschichtlichen Macht gegenüberzustehen, dem alten China mit der ganzen Wucht seiner tausendjährigen Tradition. Der Blick, mit dem sie die sich drängenden Diplomaten musterte, war verächtlich. Dieses zudringliche europäische Eintagsgeschlecht! Und wirklich, 30 die Vertreter der Großmächte im schwarzen Rock wirkten recht klein gegenüber dieser in Geheimnis und Unnahbarkeit thronenden Frau. China wird von der westlichen Zivilisation nicht verschlungen werden, dafür bürgt diese Inkarnation aller uralten Mächte des Beharrens. 35

Aus: Gerhard von Mutius: Ostasiatische Pilgerfahrt. Berlin 1921. Zit. nach: Georg Adolf Narciß (Hg.): Im Fernen Osten. Forscher und Entdecker in Tibet, China, Japan und Korea 1689–1911. Frankfurt am Main 1985, S. 178–179.

2 China und das Vordringen des Westens – marginale Berührung oder erzwungene Modernisierung?

2

34 **Chinesische Soldaten beim Exerzieren**, ca. 1908

35 **Li Hongzhang (1823–1901)**, maßgeblich an der Niederschlagung der Taiping-Revolution beteiligt, Gouverneur der Provinz Zhili, richtete 1866 das Arsenal von Nanjing ein. Er war zeitweise für die Außenkontakte Chinas verantwortlich.

36 **Yuan Shikai (1859–1916)** reformierte nach der Niederlage gegen Japan 1895 die chinesische Armee nach deutschem Vorbild. 1898 unterstützte er zunächst Kang Youwei, hielt aber dann zur Kaiserinwitwe Cixi. Als Gouverneur von Shandong vertrieb er von dort die „Boxer", unterstützte sie aber anderswo. 1901 wurde er Generalgouverneur der Provinz Zhili, in der die Hauptstadt Beijing liegt, und stellte eine neue Armee auf. 1911 vom Thron zur Hilfe gegen den Wucheng-Aufstand gerufen, zwang er als Ministerpräsidenten dann den Kaiser zur Abdankung und wurde Präsident der Republik China.

2

37 Schwächen der Modernisierung

Seit 1881 widersetzte sich die Qing-Regierung (bis 1895 erfolgreich) allen Versuchen von Ausländern, größere Industriebetriebe in den Treaty Ports anzusiedeln. Sie hätten die eigenen Industrialisierungsbemühungen behindern können. Unter den Parolen der militärisch-ökonomischen „Selbststärkung" (ziqiang) und der selektiven Übernahme westlicher Produktionstechniken und Organisationsformen (yangwu) initiierten Zeng Guofan (der Architekt des Sieges über die Taiping), Li Hongzhang, Zuo Zongtang, Zhang Zhidong und andere hohe Beamte und Provinzialmachthaber seit 1862 eine Reihe von „modernen" Großprojekten, die sich allesamt ausländischer Technologie bedienten: zuerst Rüstungsfabriken und Werften (am wichtigsten 1865 die heute noch bestehende Jiangnan-Werft in Shanghai, 1866 die Fuzhou-Werft sowie die Arsenale in Nanjing und Tianjin), dann die China Merchants Steam Navigation Co., 1878 das Kaiping-Kohlebergwerk, 1882 die Kaiserliche Telegraphenverwaltung, ab 1883 einige Baumwollspinnereien und 1889/90 die Hanyang-Eisenwerke in der Provinz Hubei. […] Die China Merchants S. N. Co. brach das ausländische Monopol in der Dampfschifffahrt; das Kaiping-Bergwerk arbeitete trotz großer Schwierigkeiten bis 1892 ziemlich erfolgreich; die Arsenale waren prinzipiell imstande, Waffen und Munition auf hohem internationalen Niveau zu produzieren; das Telegrafenamt bewies, dass China zur Übernahme moderner Technologie fähig war, ohne sich dabei vom Ausland abhängig zu machen […]

Dennoch: Es reichte nicht. Die militärischen Niederlagen gegen Frankreich und Japan, die gewiss nicht allein durch materielle Unterlegenheit bedingt waren, enthüllten die Schwächen des Rüstungsprogramms. Vor allem war die chinesische Aufrüstung nicht wie diejenige Japans mit einer umfassenden Militärreform verbunden: Einführung von Offizierskorps und Generalstab, allgemeine Wehrpflicht, Standardisierung von Ausbildung und Ausrüstung. Auch ökonomisch fehlte der größere Zusammenhang. Mit der einzigen Ausnahme der Hanyang-Eisenwerke, die von Zahng Zhidong als Zentrum einer integrierten militärisch-industriellen Basis im Herzen China geplant waren, wurde keines der anderen industriellen Projekte als Wachstumskern im Rahmen einer nationalen oder selbst regionalen Wirtschaftstrategie konzipiert und realisiert.

Aus: Jürgen Osterhammel: China und die Weltgesellschaft. Vom 18. Jahrhundert bis in unsere Zeit. München 1989, S. 189.

38 Kolonien als Entwicklungshilfe?

Denkschrift des stellvertretenden Gouverneurs von Jiaozhou, Jacobson, an das Reichsmarineamt, 27. Januar 1905, in der er Pläne für die Einführung deutscher Schulen in China entwickelt:

In der Tat ist der früher dominierende Einfluss der westländischen Nationen auf dem Gebiete der Erziehung in China gebrochen und durch Japan von seiner ersten Stelle auf die zweite gedrängt worden. Wenn auch die japanischen Bemühungen und Erfolge sich auf alle Arten Schulen erstrecken, so sind es doch vor allem die Lehrerseminare oder Normalschulen, deren sie sich bemächtigt haben. Hier wird ihnen keine Konkurrenz geboten, denn leider hat der „Weiße", mit Ausnahme der Missionare, nur die „höchsten" Schulen als seiner Tätigkeit würdig erachtet. Vielfach sind die chinesischen Studenten, die nach dem Lande der aufgehenden Sonne gezogen sind, um dort den Morgentau moderner Bildung in sich einzusaugen, zurückgekehrt als vergiftete Männer, Aufruhr gegen die Institutionen ihres eigenen Landes, Hass gegen alles Fremde im Herzen tragend. Der überwältigende Einfluss, den Japan in dem letzten Jahre auf das chinesische Erziehungswesen gewonnen hat, darf weder in Hinsicht auf die Sympathien noch auf die wirtschaftliche Stellung, welche in ihrem Gefolge gewesen sind, unterschätzt werden. […] Die Aufgaben, die uns Deutschen in dieser Kolonie auf diesem wichtigsten Gebiet des Kulturlebens moderner Völker, dem Erziehungswesen, gestellt sind, lassen sich nach dem Vorhergehenden kurz zusammenfassen. Soll deutscher Einfluss über die engen Grenzen unseres Gebietes hinaus in Shandong, sich Bahn brechen, so gilt es, den Mächten, die dort am Werke sind, durch planmäßige und tatkräftige Interessenvertretung ein Gegengewicht zu schaffen. In unserer Kolonie dürfen wir uns nicht wie in Hongkong darauf beschränken, solche Chinesen heranzuziehen, die in der Schulbildung nur das Rüstzeug zu einem leichteren Lebensunterhalte finden, wir sollen vielmehr in umfassender Weise auf Geist und Charakter einwirken und das Mittel sein zu einer Durchtränkung der ganzen Provinz, des von Qingdao wirtschaftlich abhängigen Hinterlandes mit deutschem Wissen und deutschem Geiste. So leicht wie in der englischen Kolonie ist unsere Aufgabe nicht mehr. Je größer der Vorsprung ist, den andere vor uns gewonnen haben, umso gründlicher muss unsere Arbeit einsetzen, damit wir uns den Anteil an dem wirtschaftlichen Wohlstand, der unserem Aufwand und unserer Stellung entspricht, noch sichern. […]

Die Erziehung der Volkslehrer ist das Ziel, dessen Erreichung an erster Stelle uns obliegt; können wir uns auch nicht der Gründung wissenschaftlicher Schulen und höherer Fachschulen für gewisse Berufszweige entziehen, so sollte darüber doch niemals dasjenige, was wichtiger ist, nämlich die Ausbildung eines nach deutscher Methode geschulten, deutsche Gründlichkeit im chinesischen Mutterlande verbreitenden Lehrerstandes versäumt werden. Fangen wir in unserer Kolonie stets von der Wurzel an, beschränken wir uns auf eine aus chinesischem Wesen hervorgegangene und auf chinesischer Kultur beruhende, jedoch mit deutschem Ideengehalt und deutscher Methode durchsetzte Bildung; enthalten wir uns allen störenden Beiwerks, welcher der Natur der Elementarbildung widerspricht und zur Halbheit und Verflachung führt, wie Erlernung fremder Sprachen.

Aus: Mechthild Leutner (Hg.)/Klaus Mühlhahn (Bearb.): „Musterkolonie Kiautschou". Die Expansion des Deutschen Reiches in China. Deutsch chinesische Beziehungen 1897 bis 1914. Eine Quellensammlung. Berlin 1997, S. 449–450, Auszug.

39 „Geringschätzung den Chinesen gegenüber"

Zhi Ji, Chefredakteur der Peking Daily News, über die Behandlung der chinesischen Bewohner in der deutschen Kolonie Jiaozhou [=Kiautschou]:

Die Geringschätzung, die von den Deutschen in Shandong den Chinesen gegenüber zur Schau getragen wird, spricht in jeder Beziehung allen vernünftigen Erwägungen Hohn. Die Regierung und die oberen Klassen der Bevölkerung in Deutschland sind an sich durchaus nicht mit diesem Gebaren einverstanden, bei dessen Entstehung drei Ursachen vor allem mitgewirkt haben.

Zunächst ist im Allgemeinen der deutsche Nationalcharakter ein anderer, als z.B. der der Engländer. Die Engländer könnte man vergleichen mit den Abkömmlingen alter Familien, deren Generationen im Staatsdienst grau geworden sind. Zwar haben sie Macht und Einfluss; aber

2 China und das Vordringen des Westens – marginale Berührung oder erzwungene Modernisierung?

2

Gruss aus Tsingtau. 11.I.01. Tsingtau von der Feld Batterie aus gesehen.

Verlag von Otto Rose, Tsingtau.

40 Postkarte aus Qingdao, 25. Februar 1901

sie sind frei von Kastengeist und Engherzigkeit. Die Deutschen dagegen sind die Parvenüs, aufgeblasen und in ih-
15 rem Glanze sich sonnend und hochmütig gegen andere. Darum benehmen sie sich Chinesen gegenüber wie rohe Tyrannen. [...]
Die zweite Ursache liegt darin, dass Shandong verhältnismäßig spät kulturell fortschreitet. [...]
20 Die Beziehungen zwischen Chinesen und Deutschen in Shandong datieren dagegen erst aus neuerer Zeit. Von deutschem Recht und Gesetz haben die Shandong-Leute daher kaum eine blasse Ahnung. Sie sind also nicht imstande, Streitigkeiten mit jenen im Rechtswege durchzufechten.
25 Die Folge ist, dass die Deutschen glauben, die Chinesen vergewaltigen zu können und dass die Rücksichtslosigkeit diesen gegenüber allmählich zu einer Art von Gewohnheitsrecht geworden ist. Besonders schamlose Chinesen aber machen sich sogar die Macht der Deutschen zunutze,
30 um ihre eigenen Stammesgenossen zu vergewaltigen, wodurch den Deutschen der Kamm noch sehr geschwollen ist. Auf diese Weise hat sich also die auf allen möglichen Gebieten zutage tretende harte Bedrückung der Chinesen herausgebildet.
35 Die dritte Ursache ist die Behandlung, welche die deutsche Regierung den Chinesen angedeihen lässt, und die von grausamer Härte nicht weit entfernt ist. Wenn Deutsche vor einer Behörde erscheinen, so sprechen sie stehend. Wenn aber Chinesen vor Gericht erscheinen, so
40 werden sie gezwungen, vor dem deutschen Beamten niederzuknien. Die Deutschen werden nur mit Geld bestraft; Chinesen aber werden mit einem Ochsenziemer auf das Hinterteil geschlagen; auch gibt es für sie die Strafe der Enthauptung. Die Guangdong-Leute können in Hong-
45 kong englische Beamte werden. Den Shandong-Leuten

aber ist jede einigermaßen bessere amtliche Stellung in Qingdao verschlossen. Wenn es hochkommt, so können sie Schreiber werden; das ist alles. Wenn aber schon die deutsche Regierung die Chinesen so hart behandelt, wie
50 mag es da auch in dem, was bei jener selbst noch gut ist, bei den unteren Stellen aussehen! Die Folge ist, dass die Unterdrückung und Verachtung der Chinesen ganz unbewusst zur gewohnheitsmäßigen Übung geworden ist.

Aus: Mechthild Leutner (Hg.)/Klaus Mühlhahn (Bearb.): „Musterkolonie Kiautschou". Die Expansion des Deutschen Reiches in China. Deutsch chinesische Beziehungen 1897 bis 1914. Eine Quellensammlung. Berlin 1997, S. 233–235.

41 Die zwei Seiten des Imperialismus
The total foreign investment in China reached U.S. $788 million in 1902 and U.S. $1,610 million in 1914. The degree of foreign domination is seen in the fact that 84 percent of shipping, 34 percent of cottonyarn spinning,
5 and 100 percent of iron production were under foreign control in 1907, while 93 percent of railways were foreign-dominated in 1911. The scope of foreign influence was as wide as the modern sector of Chinese economy, which had been reduced to "semi colonial." [...]
10 Yet imperialism was not without its beneficial side effects. Foreign investors introduced modern technology and the entrepreneurial spirit, and financed many modern industries. Their success created an environment in which profit from industrial undertakings was demonstrably possible,
15 thereby prompting the Chinese to follow their example. Additionally, the employment and training of Chinese in foreign factories and business establishments produced a native pool of technical knowledge of production and

managerial skills which later were to be profitably tapped
20 by and for the Chinese. It was not unusual for the com-
pradores, after having learned foreign business methods
and having accumulated considerable capital, themselves
to invest in industry or serve in governmentsponsored
enterprises. Such a one was Tong Kingsing, the director
25 of the China Merchants' Steam Navigation Company, and
formerly compradore with Jardine, Matheson and Company. Nor should one lose sight of the fact that foreign-
leased areas and treaty ports provided a certain degree of
peace and order necessary for industrial growth; and that
30 foreign establishments had already borne most of the cost
of "social overhead," such as public utilities, roads, and
communication facilities, which eased the development
of Chinese industry. Clearly, foreign investment produced
an "imitation" effect on the Chinese and provided the pre-
35 conditions essential for the economic modernization of
China.

In sum, imperialism was both baneful and beneficial. On
the one hand it inhibited the growth of native industry,
on the other it stimulated patriotism – by inciting a desire
for national economic protection and competitive equality 40
– and provided the incentive for economic modernization. Corroboration for the latter aspect is evident in the
fact that during the height of imperialism many Chinese
factories and enterprises were born.

In 1904–8, 227 modern Chinese companies were reg- 45
istered with the government, and by 1912 there were
20 749 native factories in operation, though the majority
were of small or medium size, and only 750 employed
workers in excess of a hundred. While it is true that they
had to struggle for survival in the shadow of the giant 50
foreign firms, the fact remains that they emerged under
foreign stimulation.

Aus: Immanuel C. Y. Hsü: The Rise of Modern China. Hongkong 1983,
S. 436 f.

42 Der „Bund", die europäisch geprägte Uferpromenade in Shanghai, um 1900

43 „Die Schüler sollten sich Deutschland für das neue China zum Vorbild nehmen"

Ansprache von Dr. Sun Yatsen, Präsident der provisorischen Republik China, am 29. September 1912 in Qingdao vor den Schülern der Deutsch-Chinesischen Hochschule; aus einem Bericht des deutschen Gouverneurs Meyer-Waldeck an den Staatssekretär des Reichsmarineamts, Tirpitz, vom 14. Oktober 1912:

Er sei vorgestern im Gebiet von Kiautschou eingetroffen und habe schon Gelegenheit gehabt, die große und schöne Stadtanlage zu bewundern. Gern sei er der Einladung der Hochschule gefolgt, ihr einen Besuch abzustatten und
5 zu den Schülern zu sprechen. Chinas Regierungsform habe eine grundlegende Änderung erfahren. Doch stehe die junge Republik noch am Anfang ihrer Entwicklung, und es heiße jetzt, alle Kräfte anzusetzen, um sie zu einem vollkommenen Gebilde auszugestalten. Die Verfassung
10 der Republik beruhe auf dem Grundgedanken der Freiheit und Gleichheit. Doch hier müsse man sich vor Irrtümern hüten. Die Freiheit und Gleichheit gelte nicht unbeschränkt. Sie gelte nicht für den Beamtenstand, die Soldaten und die Schüler. Deren Pflicht und Verantwortlichkeit
15 sei sehr viel schwerer in der heutigen Zeit geworden. Sie müssten ihre ganze Kraft aufbieten, um für die Allgemeinheit, für die Menschheit wirken zu können. Namentlich aber die Schüler müssten mit Fleiß und Eifer und Selbstverleugnung ihren Studien obliegen, um dereinst nach
20 Beendigung ihrer Schulzeit ins Leben hinauszutreten und mit ihren Kenntnissen dem Wohl des Volkes zu dienen. Es heiße dann für sie, Chinas Glück aufzubauen und auf allen Gebieten des öffentlichen Lebens, sei es durch Erfindungen, organisatorischen Arbeiten und dergleichen, für das Wohl des chinesischen Volkes sich einzusetzen. 25 Davon hinge Chinas Entwicklung, Fortschritt und Zukunft ab. Hier in der Hochschule hätten die Schüler die schöne Gelegenheit, unter der Leitung bedeutender und namhafter deutscher Lehrer modernes Wissen sich anzueignen. Deutschland sei unter den Staaten der Welt durch 30 seine Leistungen auf kulturellem und wissenschaftlichem Gebiet, durch die Vollkommenheit seiner Gesetze das berühmteste Land. Die Schüler sollten sich Deutschland für das neue China zum Vorbild nehmen. Aber das Studium auf der Hochschule sollte für die Schüler nicht die 35 einzige Quelle der Bildung bleiben. Auch außerhalb der Mauern fände sich hier eine Fülle des Wissens und Nachahmenswerten. In den zwei Tagen, die er hier weile, habe er gesehen, dass China trotz tausendjähriger Kultur nichts geleistet habe, das sich mit dem vergleichen ließe, was 40 Deutschland in einer Spanne von zwölf Jahren zustande gebracht habe. Straßen, Häuser, Hafenanlagen, sanitäre Einrichtungen, alles zeuge von Fleiß und Streben. Was die Schüler hier sähen, solle sie zur Nacheiferung anspornen, und es müsse ihr Ziel werden, dieses Musterbeispiel auf 45 ganz China auszudehnen und ihr Vaterland in gleicher Vollendung auszugestalten.

Aus: Mechthild Leutner (Hg.)/Klaus Mühlhahn (Bearb.): „Musterkolonie Kiautschou". Die Expansion des Deutschen Reiches in China. Deutsch-chinesische Beziehungen 1897 bis 1914. Eine Quellensammlung. Berlin 1997, S. 515 f.

Arbeitsvorschläge:

1. Wie beschreiben deutsche Reisende um die Mitte des 19. Jahrhunderts China? Analysieren Sie, welche Wertungen und Maßstäbe deutlich werden. (M 3, M 4)
2. Diskutieren Sie, welche Elemente in den Abbildungen M 1, M 2, M 5 und M 6 „europäisch" und welche „asiatisch" wirken? Begründen Sie Ihre Eindrücke.
3. Untersuchen Sie die Gründung der deutschen Kolonie Kiautschou in Hinsicht auf die damit verbundenen wirtschaftlichen und politischen Interessen. (M 7 – M 10)
4. Beurteilen Sie die Auseinandersetzung des SPD-Reichstagsabgeordneten Bebel mit dem Staatsminister von Bülow: Welche Begründungen geben beide für ihre Positionen? Welche politischen Ziele werden angestrebt? (M 11 a, M 11 b). Informieren Sie sich über die deutsche Kolonialpolitik seit 1884 sowie den Wandel der deutschen Außenpolitik nach 1890. (www.dhm.de/ausstellungen/tsingtau/katalog/Inhalt.htm; www.boxeraufstand.com bzw. siehe Internettipps im Onlinebereich des Themenheftes)
5. Untersuchen Sie das Vorgehen des Deutschen Reiches als imperialistische Macht in China: Welche Konfliktpotentiale bestanden? (M 15)
6. Welche Rolle spielte die christliche Mission? (S. 29, M 8, siehe auch in 2.1: M 9 – M 11)
7. Diskutieren Sie das Verhalten der deutschen und chinesischen Seite im sog. „Boxeraufstand": Wie sind die jeweiligen Begründungen zu beurteilen? (M 16 – M 22)
8. Stellen Sie die konkreten politischen und wirtschaftlichen Folgen des Imperialismus für China am Beginn des 20. Jahrhunderts dar. (M 4 – M 6, M 37 – M 43)
9. Versetzen Sie sich in die Perspektive eines Chinesen jener Zeit (z. B. eines jungen Mannes, der kurz vor seiner staatlichen Beamtenprüfung steht; siehe Informationen in Kapitel 1). Wie könnten die Vorgänge auf ihn gewirkt haben?
10. Vergleichen Sie das traditionelle chinesische Verständnis von Politik und die von Kang Youwei am Ende des 19. Jahrhunderts entwickelten Vorstellungen. (M 30, M 31)
11. Untersuchen Sie Schwierigkeiten und Erfolge der chinesischen „Selbststärkungsbewegung" (M 28, M 34 – M 41)
12. Arbeiten Sie die Sichtweise des „Westens" auf China heraus. (M 3, M 7, M 11, M 17 – M 19, M 23, M 29, M 33). Wie blickt China auf den „Westen"? (M 9, M 15 a, M 16, M 26, M 31, M 33)
13. Diskutieren Sie, welche alternativen Möglichkeiten es für China in der Auseinandersetzung mit den imperialistischen Mächten gegeben hätte.

3   Japans Weg zwischen Tradition und Moderne

1 Kaiser Mutsuhito 1868 und 1886

Die Herausbildung Japans als einheitliche Zivilisation und Gesellschaft unter einer zentralistischen Monarchie seit dem 4. Jahrhundert ist nicht ohne die Einflüsse von außen, vor allem aus China, zu verstehen. Von dort kam die Schriftkultur sowie ein politischer Einfluss, der sich lange Zeit auch durch die Unterwerfung Japans unter die Tributpflicht an China äußerte. Engere Bindungen gab es auch an Korea durch eine ethnisch-sprachliche Verwandtschaft sowie politische Beziehungen.

Tennô, Shôgun, Samurai

Anders als in China wurde in Japan der Kaiser nicht durch sein göttliches Amt verehrt – das „Mandat des Himmels" in China erlaubte auch den Sturz von schlechten Kaisern und die Übernahme des Mandats durch andere. In Japan dagegen war der Tennô in seiner Person und durch seine Abstammung heilig, die der Legende nach in ununterbrochener Linie auf die Sonnengöttin zurückging und auch seither nie unterbrochen wurde. Im Gegensatz zu China übte der japanische Kaiser lange Zeit jedoch gar nicht selbst die politische Macht aus. Auch blieb die japanische Ständegesellschaft viel stärker feudalistisch geprägt als in China, mit starken Territorialherren und der ihnen dienenden Ritterkaste der Samurai. Diese Feudalherren schwächten nicht nur die Macht des Tennô, sie rivalisierten auch untereinander und überzogen das Land immer wieder mit Kriegen.

In der Konkurrenz um den Einfluss am Hofe gelang es der Adelsfamilie Fujiwara, schon im 11. und 12. Jahrhundert faktisch die Regierungsgewalt auszuüben. Der später für dieses Amt geschaffene Titel Shôgun leitet sich aus seiner ursprünglich militärischen Aufgabe her, ebenso wie seine Bakufu (svw. Kriegsrat) genannte Regierung. Im Jahre 1600 konnte Tokugawa Ieyasu einen mehr als hundertjährigen Bürgerkrieg beenden und das Shôgunat der Familie Tokugawa begründen, die bis zu ihrem Sturz 1867/68 dieses Amt innehatte, von Edo (Tokyo) aus mit fast absolutistischer Macht regierte, während die Kaiser in Kyoto residierten. Am Ende dieser Ära war der Staat durch anhaltende Korruption innerlich geschwächt und stand vor der Herausforderung durch die imperialistischen Mächte, die die Öffnung japanischer Vertragshäfen nach chinesischem Vorbild erzwangen. Es bildeten sich zwei Parteien in der japanischen Führungsschicht:

Die einen wollten dem Ausland nachgeben, die Isolation Japans überwinden und das Land modernisieren; sie setzten auf den Tennô gegen den Shôgun. Die anderen hielten an den Traditionen fest und verteidigten ihre alte standesgemäße Stellung mit der Waffe noch bis in die 1870er-Jahre.

Von der Isolation zur Iwakura-Mission

Nach den engen Beziehungen zu den Portugiesen seit Mitte des 16. Jahrhunderst und großen Erfolgen der christlichen Mission durch die Jesuiten vollzogen die Tokugawa bis 1637 durch Gesetze und Repressionsmaßnahmen eine Abschließung des Landes nach außen, erzwangen die Abschwörung der Christen von ihrem Glauben und verhängten die Todesstrafe für jeden Widerstand. Einzig die Holländer durften, weil sie keine Katholiken waren, weiterhin über eine künstliche Insel (Deshima) vor Nagasaki Handel mit Japan treiben.

Nach Kontakten mit europäischen und US-amerikanischen Schiffen seit Mitte der 1820er-Jahre liefen 1853 die vier „schwarzen Schiffe" der US-Kriegsmarine unter Commodore Perry in der Bucht von Edo ein. Im Jahr darauf erzwang Perry durch die erfundene Drohung mit einer Flotte von hundert Kriegsschiffen, die er rufen würde, den ersten der „ungleichen Verträge" mit Japan zur Öffnung für den Handel. (▶ M 3) Weitere Verträge mit anderen Kolonialmächten folgten, bis 1869 wurden acht Vertragshäfen geöffnet. Die Gegner der auch innerlich geschwächten Shôgun-Herrschaft hatten aus den Vorgängen im 1. Opiumkrieg gegen China, von denen sie unter anderem durch die Holländer informiert wurden, ihre Lehren gezogen.

Die Ära Meiji

Mit der Machtübernahme durch den Tennô, Beginn der Meiji genannten Ära, wurde nicht nur das Shôgunat gestürzt, sondern eine Reihe von grundlegenden politischen Umwälzungen durchgesetzt: Die Fürsten verloren ihre politischen Territorialrechte und die Kaste der Samurai wurde durch die Einführung der allgemeinen Wehrpflicht ihrer Grundlage beraubt. Mit der allgemeinen Schulpflicht wurde ein Bildungsprogramm begonnen, das eine staatsbürgerliche Erziehung zur Verehrung des Kaisers und zum Dienst am Staat mit der Vermittlung westlichen Wissens kombinierte. Restauration und Reform, Tradition und Moderne mischten sich in dem Programm der Meiji-Ära auf einzigartige Weise. 1871–1873 wurde die nach ihrem Leiter benannte Iwakura-Mission nach Europa und Nordamerika geschickt, um vom Westen zu lernen. Westliche Wissenschaftler und Techniker wurden ins Land geholt, Industrien aufgebaut, eine politische Verfassung ausgearbeitet, die sich stark an Preußen-Deutschland orientierte. Die Meiji-Verfassung von 1889 verlieh dem Kaiser jedoch schon durch die festgeschriebene Heiligkeit seiner Person eine noch stärkere Stellung, als sie der deutsche Kaiser in der Bismarck-Verfassung hatte, das Wahlrecht unterlag einem starken Zensus, der später reduziert und 1925 abgeschafft wurde. Die dem Parlament zugedachte politische Mitsprache schuf jedoch erstmalig eine Öffentlichkeit der Politik, die die Bildung von politischen Parteien und damit auch eine unabhängige politische Debatte im Lande ermöglichte.

Modernisierung und Expansion

Die sowohl durch den erzwungenen Freihandel als auch durch das eigene Industrialisierungsprogramm herbeigeführte ökonomische Umwälzung in Japan hatte gravierende soziale Folgen, v. a. die Verarmung der Landbevölkerung durch den Untergang der Kleinbauern, herbeigeführt durch steigende Steuern, eine staatliche Deflationspolitik mit Währungsreform (Einführung des Silberstandards), sinkende Reispreise und die Abhängigkeit von den Großgrundbesitzern, die auch als Zwischenhändler und Geldverleiher agierten. Gewaltsame Auseinandersetzungen und größere Aufstände begleiteten so den Modernisierungsprozess. Eine andere Konsequenz der Einbeziehung in den internationalen Handel und des Aufbaus einer eigenen Industrie war die Notwendigkeit des Exports japanischer Güter und des Imports von Rohstoffen. Die japanische Politik richtete sich entsprechend auf einen expansiven Kurs aus und gab dem Aufbau eines modernen Militärs Priorität. 1876 zwang Japan Korea „ungleiche Verträge" nach dem selbst erlittenen Vorbild auf, 1879 wurden die Ryukyu-Inseln annektiert. Die Konfrontation mit China durch die zunehmende japanische Präsenz in Korea führte dann 1894/95 zum ersten japanisch-chinesischen Krieg, im Frieden von Shimonoseki musste China Taiwan an Japan abtreten. Korea blieb bis 1910 formell unabhängig und wurde dann japanische Kolonie. Jenseits der koreanischen Grenze entstand jedoch ein weiterer Gegner der japanischen Expansion: Russland hatte 1895 die von Japan geforderte Halbinsel Liaodong (mit dem wichtigen im Westen Port Arthur genannten Hafen) an sich gerissen. Aus dem Konflikt um den Einfluss in der südlichen Mandschurei entstand der russisch-japanische Krieg, der 1905 mit dem Sieg der japanischen Flotte bei Tsushima Japan endgültig als imperialistische Macht in der Weltpolitik etablierte.

2 Aus der Studie „Plan für die Öffnung Japans", die 1849 der Kaufmann Aaron H. Palmer dem amerikanischen Außenminister John M. Clayton überreichte

In ihr schlug Palmer vor, den amerikanischen Bevollmächtigten in China sofort nach Japan zu schicken um unter Umgehung der japanischen Beamten dem Kaiser direkt ein Ultimatum mit folgendem Inhalt zu überreichen:

5 1. Volle Entschädigung für Gefangennahme und barbarische Behandlung amerikanischer Matrosen und voller Ersatz der Kosten für das jetzt ausgesandte Geschwader; ein feierliches Versprechen der japanischen Regierung, dass sie in Zukunft alle schiffbrüchigen Seeleute umge-
10 hend nach China schickt;
2. Häfen, um Wetterschäden der Schiffe auszubessern;
3. Öffnung der Häfen für den Handel mit Amerika;
4. Kohlenstationen und das Privileg, in den japanischen Gewässern Walfang zu betreiben;
15 5. einen Vertrag nach dem Muster des 1844 abgeschlossenen Vertrages mit China.
Palmer empfiehlt der amerikanischen Regierung weiter:
Falls dieses Ultimatum abgelehnt wird, sollte der Geschäftsführer der USA autorisiert sein, eine Blockade der
20 Bucht von Yedo [=Tokyo] und anderer Hafenstädte sofort durchzuführen. [...] Es dürfte keine Schwierigkeiten bereiten, die ganze Küstenschifffahrt stillzulegen und den gesamten Handel zu stoppen [...] und alle Regierungs- und Handelsschiffe in Besitz zu nehmen.[...] Viele bringen
25 Gold und andere Steuern, andere sind beladen mit Nahrungsmitteln. Falls die tägliche Versorgung der Hauptstadt unterbunden ist, wird die Regierung sehr bald zu verhandeln geneigt sein. [...] Yedo hat mehr als zwei Millionen Einwohner, das ganze Land zwischen 50 und 70 Millio-
30 nen* [...]. Ein reiches Land. [...] Japan ist an jeder Stelle angreifbar, und auch wenn die Japaner eine tapfere und kriegerische Nation sind, haben sie doch keinerlei Möglichkeiten, ihr Land gegen auch nur eine einzige unserer Kriegsfregatten zu verteidigen.

*Die Zahlen sind um ca. ein Drittel zu hoch geschätzt.

Gertrude C. Schwebeil: Die Geburt des modernen Japan in Augenzeugenberichten. Düsseldorf 1970, S. 100 f. Zit nach: Bernd Röcker: Der Aufstieg Japans zur Welt- und Wirtschaftsmacht. Klett Tempora, Stuttgart 1984, S. 12 f.

3 Aus dem Vertrag zu Yedo [=Tokyo] vom 29. Juli 1858

Art. 1: Friede und Freundschaft. Dem amerikanischen diplomatischen Vertreter wird die Niederlassung in Yedo gestattet, den Konsul in den für amerikanische Schiffe offenen Häfen. Ihnen wird vom Tage ihrer Ankunft bis zu ihrer Abberufung Bewegungsfreiheit im japanischen Kaiserreich 5 gestattet. Die gleichen Rechte stehen den japanischen Vertretungen, Hauptsitz in Washington, in den USA zu.

Art. 2: In Streitfällen zwischen Japan und europäischen Mächten wird der Präsident der Vereinigten Staaten von Amerika als Schiedsrichter angerufen. Beide Marinen sa- 10 gen sich gegenseitig Unterstützung auf hoher See zu, soweit es ohne Bruch der Neutralität getan werden kann. Amerikanische Konsuln sollen japanischen Schiffen, die Häfen anlaufen in Ländern, bei denen die Konsuln akkreditiert sind, Hilfe gewähren, soweit es in Einklang mit den 15 Gesetzen dieser Länder steht.

Art. 3: In Ergänzung der Häfen von Shimoda und Hakodate werden folgende Städte und Häfen geöffnet: Kanagawa 1859 Juli 04, Nagasaki [...] 1860 Jan. 01. Hyogo [Kobe] 1863 Jan. 01. [...] Sechs Monate nach Öffnung von Kana- 20 gawa wird Shimoda als Wohn- und Handelsplatz für amerikanische Staatsbürger geschlossen. In den für Amerikaner zugelassenen Häfen und Städten können diese Grundbesitz erwerben, Bauten, wie Wohnungen und Warenhäuser, errichten; militärische Anlagen sind dabei verboten. [...] [Die 25 Japaner] werden nichts bauen, um die Amerikaner irgendwie abzuriegeln. Ab 1862 Jan. 01 ist es den Amerikanern erlaubt, sich in Yedo niederzulassen. [...]

Art. 4: Verbot der Einfuhr von Opium. Auf Aus- und Einfuhr werden von Japan Zölle erhoben [auf alle Waren 5%]. 30

Art. 6: Amerikaner wie Japaner, die sich gegen die Gesetze des Landes vergehen, werden von eigenen Gerichten abgeurteilt.

Art. 7: Die Amerikaner dürfen sich in ihrem Gebiet im Umkreis von 10 Ri [1 Ri = 3927 m] frei bewegen, ausgenommen 35 Kyoto, dem sie sich nur auf 10 Ri nähern dürfen. [...]

Art. 10: Die japanische Regierung erhält das Recht, in den USA Kriegsmaterial aller Art und andere Schiffe zu kaufen oder konstruieren zu lassen. Amerikanische Wissenschaftler, Techniker und militärische Fachleute können von der 40 japanischen Regierung engagiert werden. [...]

Ploetz: Konferenzen und Verträge. Würzburg 1958, Bd. III/l, S. 413 f. Zit nach: Röcker, a. a. O., S. 16 f.

3

4 **Aus der Erklärung des Tennô über die Rückgabe der Großen Regierung, 26. November 1867**

In den Auseinandersetzungen über die Haltung gegenüber den USA und den europäischen Mächten, die seit 1853 die Öffnung Japans für den Handel erzwangen, war die traditionelle Regierung des Shôgun (svw. Kanzler) in die Krise geraten.

Tôshôgû, der Ahnherr unseres Großfürsten [=Shôgun], war im Besitze großer, überragender Tugend; er wirkte selbst mit der Kraft eines schweißbedeckten Pferdes, befriedete den großen Aufruhr und gab dem Lande erstmals
5 einen großen Frieden. Den Mikado [=Tennô, Kaiser] beruhigte er, erbaute den kaiserlichen Palast und vermehrte die Kornration [für den Mikado]. Dass bis heute die Herren des Hofes friedlich und ruhig leben konnten, gründete auf diesen verdienstvollen Bemühungen. Der
10 Mikado zollte der Bedeutung dieser verdienstvollen Taten Bewunderung und Beifall und übertrug dem Tôshôgû alle Regierungsgewalt und stellte für die aufeinander folgenden Generationen das Beispiel auf, sich nicht an den Regierungsangelegenheiten des Staates zu beteiligen. Da-
15 her wurden Würde und Macht des Tôshôgû in einem bei früheren Shôgunen nicht gesehenen Ausmaße von Tag zu Tag strahlender. [...] So war in Japan seit dem Altertum nicht jemand hervorgetreten, der wie der Tôshôgû einen mehrere Jahrhunderte währenden großen Aufruhr unter
20 seine Kontrolle gebracht, die Grundlage für einen über zweihundertfünfzig Jahre anhaltenden großen Frieden und Glück gelegt und dabei innere Aufstände in solcher Weise zur Ruhe gebracht hätte, dass nicht ein einziger unter den großen und kleinen Fürsten mehr ehrgeizige Pläne
25 hegte. Daher war es auch nicht im geringsten zweifelhaft, dass die Regierungsmacht sich auf die aufeinander folgenden Generationen seiner Nachkommen erstreckte. Im Folgenden aber veränderte sich die Lage unseres Landes sehr. Amerikanische Schiffe stürmten in die Bucht von
30 Edo. Nun ist die Aufgabe der alten Gebräuche und des Gebots des Landesabschlusses unumgänglich geworden. Gegenwärtig ist uns der Westen in Bezug auf Waffen und Kriegskunst überlegen. Wir haben nicht nur erkannt, dass es taktisch falsch wäre, mit unserem an einen über zwei-
35 hundertjährigen Frieden gewöhnten Volk plötzlich einen sinnlosen Krieg zu führen, sondern auch schnell verstanden, dass es unvernünftig wäre, wenn wir in einer veränderten Welt, in einer Zeit, da ferne Länder wie Nachbarn miteinander verkehren und ein einzelnes östliches Insel-
40 land nicht über die Kraft verfügt, neben den anderen Ländern als seinen Feinden zu bestehen, die uns unter dem einen Himmel umgebenden Völker von uns abzuschneiden und nicht mit ihnen zu verkehren; und so entschlossen wir uns, Verträge mit jedem Lande abzuschließen.
45 Der vormalige Kaiser hat sich viele Jahre hindurch wegen des Auslandes gesorgt. Indessen hat sich gerade heute, da das Bakufu [= Regierungsrat des Shôgun] durch seine bisherigen Fehler unentschieden ist, der Zustand der Welt sehr verändert. Die Lage ist in der Tat unabänderlich. Nun ha-
50 ben S. Majestät nach [Anhörung] des Hofrates entschlossen, [mit dem Ausland] Verträge über Frieden und Freundschaft abzuschließen. Da es deshalb der Wille Sr. M. ist, durch die einmütige und von Zweifeln freie Zusammenarbeit der Oberen und Unteren die militärische Rüstung zu vervoll-
55 kommnen, die Würde unseres Landes in den Ländern jenseits der Meere erstrahlen zu lassen und den göttlichen Seelen der Vorfahren Sr. Majestät und des vormaligen Kaisers zu antworten, müssen alle im Reiche bis zu den Kriegern und dem Volk in den Lehensgebieten dieser Weisung fol-
60 gen und mit Herz und Hand ihr Bestes geben.

Die nachteiligen Passagen in den bis jetzt vom Bakufu abgeschlossenen Verträgen werden, nachdem ihre Vor- und Nachteile, positiven und negativen Seiten öffentlich beraten worden sind, von Sr. Majestät revidiert werden. Dabei ist zu wissen, dass in den Beziehungen zum Ausland nach 65 den in der Welt geltenden allgemeinen Gesetze verfahren werden muss.

Am selben Tag empfing der kaiserliche Gesandte Higashikuze Michitomo in Hyogo die Vertreter der Vertragsmächte, um mit ihnen über den Gang der Ereignisse zu sprechen und ihnen folgende Erklärung 70 auszuhändigen:

Der Tennô des Landes Japan teilt den Kaisern und Königen der einzelnen Staaten sowie deren Untertanen Folgendes mit: Vor kurzem hat Shôgun Tokugawa Yoshinobu darum ersucht, die Regierungsmacht zurückgeben zu dürfen. Wir 75 haben dem entsprochen und die inneren und äußeren Regierungsgeschäfte in Unser persönliches Ermessen gestellt. Dies bedeutet, dass die bisherigen mit dem Namen des Großfürsten gezeichneten Verträge von nun an den Namen des Tennô tragen sollen, ferner, dass Wir allein die 80 Amtsträger für die den Verkehr mit den einzelnen Staaten betreffenden Ämter ernennen. Dies sei den Staatsgesandten zur Kenntnis gebracht.

Horst Hammitzsch (Hg.): Von der Landesöffnung bis zur Meiji-Restauration. Wiesbaden 1976, S. 172 f.

5 **Aus dem Eid des Kaisers (6. April 1868) bei der Inthronisierung (Meiji-Ära)**

1. Eine Versammlung aus allen Landesteilen wird einberufen, denn es soll großer Wert auf die Meinung des Volkes gelegt werden.
2. Die Wohlfahrt der gesamten Nation soll durch die immerwährenden Anstrengungen beider Klassen, der regie- 5 renden und der regierten, gefördert werden.
3. Wir legen Wert darauf, dass Zivil- und Militärbeamte in gemeinsamer Anstrengung dafür sorgen, dass bis hinab zum einfachen Volk jeder Einzelne seine Wünsche erfüllen und seine Absichten verwirklichen kann, ohne dass 10 Unzufriedenheit entsteht. Altüberlieferte, schlechte Gebräuche müssen durchbrochen werden, und der allgemeine Weg des Himmels und der Erde muss zur Grundlage gemacht werden.
4. Die Grundlagen der kaiserlichen Herrschaft müssen ver- 15 größert und gefestigt werden, indem Wissen in der ganzen Welt gesucht wird.
5. Um diese in unserem Lande noch nie dagewesene Reform durchzuführen, gehen Wir Selbst dem Volke voran, legen diesen Eid vor den Gottheiten des Himmels und der 20 Erde ab und setzen diese nationalen Grundsätze allgemein fest, um den Weg der Bewahrung des zahllosen Volkes zu ebnen. Du unser Volk, nimm diese Ziele zur Grundlage und strenge dich mit einigem Herzen an!

Peter Weber-Schäfer: Reform als Restauration. Bemerkungen zur Eidescharta von 1868. In: Lydia Brüll/Ulrich Kemper (Hg.): Asien. Tradition und Fortschritt. Wiesbaden 1971, S. 634 f. Zit. nach: Röcker, a.a.O., S. 18.

6 **Kaiserliche Kundgebung bei der Kriegserklärung gegen China (1. August 1894)**

Wir, der Kaiser von Gottes Gnaden, dessen Dynastie den Thron von Japan seit undenklichen Zeiten inne hat, richten an Unsere treuen und tapferen Untertanen folgende Kundgebung:

Wir erklären hierdurch China den Krieg und Wir befehlen Unseren zuständigen Behörden, Unseren Willen gehorsam und mit Hinblick auf das Staatswohl zu Wasser und

zu Lande mit allen verfügbaren Mitteln, die das Völker-
5 recht erlaubt, gegen China vorzugehen. […]
Korea ist ein unabhängiger Staat. […] Es ist jedoch Chinas
Gepflogenheit gewesen, Korea als ein von ihm abhängiges
Land zu bezeichnen und sich öffentlich und geheim in
seine inneren Angelegenheiten zu mischen. Zur Zeit des
10 jüngsten Aufstandes in Korea sandte China Truppen dorthin, um, wie es sagte, dem von ihm abhängigen Staat Hilfe
zu leisten. Kraft des im Jahre 1882 mit Korea geschlossenen
Vertrages und mögliche Schwierigkeiten voraussehend,
schickten Wir eine militärische Macht in das Land. Japan
15 wünschte Korea von dem Unglück beständiger Unruhen zu
befreien und damit zugleich den allgemeinen Frieden im
Osten aufrechtzuerhalten und erbat Chinas Beistand zum
Erreichen dieses Ziels. – Aber China lehnte unter verschiedenen Vorwänden Japans Vorschlag ab. […] China hatte
20 heimlich und hinterlistig daran gearbeitet, Japans Absichten zu vereiteln und zu durchkreuzen, und hat, während es die Unterhandlungen verzögerte, zu Wasser wie zu
Lande kriegerische Vorbereitungen gemacht. Als diese Vorbereitungen beendet waren, schickte es nicht allein große
Verstärkungen nach Korea, um seine ehrgeizigen Pläne mit
25 Gewalt durchzusetzen, sondern es ging in seiner Willkür
und Anmaßung so weit, auf Unsere in den koreanischen
Gewässern befindlichen Schiffe ein Feuer zu eröffnen. […]

Aus: Unser Vaterland Japan. Ein Quellenbuch von Japanern. Leipzig
1904, S. 669 f.

7 **Ministerpräsident Ito Hirobumi über die koreanischen Interessen Japans (1885)**
Die chinesischen Ansprüche bezüglich Korea waren histo-
rischer Art, d. h. die Geschichte Chinas rechnet Korea zu
ihren tributpflichtigen Nebenstaaten. […] Die japanischen
Ansprüche sind wirtschaftlicher Art, d. h. Japan bean-
5 sprucht keine legale Autorität über Korea, sondern beabsichtigt, ausgehend von seiner geographischen Lage und

der Notwendigkeit, seine ständig wachsende Bevölkerung
zu versorgen, sich Korea als beste Quelle zur Auffüllung der
unzureichenden Reis-Produktion zunutze zu machen und
auch als das nächstgelegene Feld für die Aufnahme der zu- 10
künftigen Söhne Japans, die eine Anstellung suchen.

Ingeborg Wendt: Die unheimlichen Japaner. Stuttgart 1970, S. 110. Zit.
nach: Röcker, a. a. O., S. 37.

8 **Deutsche Karikatur zur Iwakura-Mission 1872**

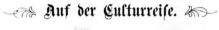

Die Japanesen, getreu ihrer Mission, die europäische Civilisation
kennen zu lernen, gewinnen in Essen einen Einblick in dieselbe.

Arbeitsvorschläge:
1. Vergleichen Sie die Haltung Japans gegenüber den USA und den europäischen
Mächten in den 1850er- und 1860er-Jahren mit der Haltung Chinas gegenüber dem
Wunsch der Briten nach Öffnung für den Handel 1793 und später. Erklären Sie die
Haltung des jeweiligen Landes anhand seiner inneren Geschichte sowie im Falle
Japans auch unter Berücksichtigung der Geschehnisse in Ostasien in der 1. Hälfte
des 19. Jahrhunderts.
2. Vergleichen Sie das Programm der Meiji-Ära mit der „Selbststärkungsbewegung"
in China im ausgehenden 19. Jahrhundert. Erklären Sie im Anschluss an Arbeitsauf-
trag 1, warum diese politische Wende in Japan gelang und in China nicht.

4 China 1912 bis 1949 – Von der absoluten Monarchie zur Alleinherrschaft der Kommunistischen Partei

4.1 Republik und Bürgerkrieg

China wird Republik

Nach der Niederschlagung des Boxeraufstandes begannen reformorientierte Kräfte zusammen mit dem kaiserlichen Hof, erste grundlegende Reformen einzuleiten. Die seit Jahrhunderten üblichen Staatsprüfungen wurden abgeschafft, Hofämter in moderne Ministerien umgewandelt und erste Entwürfe für eine Verfassung diskutiert. Zugleich wurden die Armee reformiert und Handelskammern eingerichtet. Auch gegen den Opiumhandel ging die kaiserliche Regierung nunmehr mit allen Mitteln vor.

Diese Reformen konnten jedoch nicht verhindern, dass unzufriedene Provinzgouverneure und Militärs im Herbst 1911 eine lokale Meuterei von Soldaten nutzten, um die durch den Tod der Kaiserin Cixi geschwächte Monarchie zu stürzen. Unterstützt wurden sie dabei von dem von Sun Yatsen, einem Arzt, 1905 in Tokyo gegründeten geheimen revolutionären Schwurbund, dem Tongmenghui. (▶ M 4) Eine Provinz nach der anderen fiel von der Regierung in Beijing ab. Im November 1911 trat eine provisorische Nationalversammlung zusammen, und am 1. Januar 1912 wurde in China die Republik ausgerufen.

1 Ein Symbol für den Ausbruch einer neuen Zeit?
Straßenpassanten wird der traditionelle Haarzopf abgeschnitten.
Coverillustration der Zeitschrift Le Petit Journal 1911.

LA CHINE SE MODERNISE
A Shanghaï, des chinois font en public le sacrifice de leur natte

Nach mehr als zweitausend Jahren brach das kaiserliche Herrschaftssystem zusammen; der erst sechsjährige letzte Kaiser auf dem „Himmelsthron", Puyi, dankte wenig später schließlich auch formell ab.

Der Übergang zur Republik bedeutete zunächst jedoch keine Wende zum Besseren. Die Revolutionäre hatten keineswegs die Mehrheit der Bevölkerung hinter sich. Ebenso fehlte ein klares Programm für die Zukunft. Wie brüchig die neue Ordnung war, zeigt die Tatsache, dass der erste Präsident der Republik, Sun Yatsen, sein Amt bereits nach wenigen Wochen an einen General der ehemaligen kaiserlichen Armee, Yuan Shikai, abtrat. Zwar konnte dieser die Einheit des Landes zunächst aufrechterhalten, seine Innenpolitik erfüllte aber nicht die Erwartungen an eine neue Ordnung. Gestützt auf die Armee ersetzte dieser die erste, am amerikanischen Vorbild sich orientierende Verfassung durch eine autoritäre bürokratische Ordnung innerhalb eines zentralisierten Herrschaftssystems. Die von Sun Yatsen gegründete Guomindang, Nachfolgerin des revolutionären Bundes der Tongmenghui und wichtigste politische Kraft in der Anfangszeit der Republik, wurde verboten. Der Versuch Yuan Shikais, die Monarchie nur wenige Jahre nach deren Untergang unter seiner Führung wiederherzustellen, rief schließlich den Widerstand regionaler Eliten in den Provinzen hervor. Unter der Führung eigener Kriegsherren, Warlords, rebellierten diese gegen die Regierung in Beijing. Der Tod Yuan Shikais im Jahre 1916 bedeutete aber nicht, dass damit die Zeit der inneren Wirren vorüber war.

Innere Wirren

Auch wenn einzelne Randgebiete wie Tibet oder die Äußere Mongolei sich in dieser Zeit für autonom oder unabhängig erklärten, blieb China als Staatswesen nominell erhalten. Die eigentliche Macht lag in den folgenden Jahren jedoch in den Händen von Provinzgouverneuren, regionalen und lokalen Herrschern, die eigene Armeen unterhielten. Diese, die sich allmählich zu sogenannten Warlords entwickelten, herrschten über größere oder kleinere Gebiete. Bald bekämpften sich Hunderte Warlords mit ihren Armeen gegenseitig, verwüsteten das Land in großem Stile und plünderten es unter ungeheuren Opfern aus. Diese Generalskriege, in denen die Guomindang und die junge kommunistische Partei zeitweise gemeinsam kämpften, dauerten bis 1927. (▶ M 20) Gleichzeitig entstanden große Banditenbanden, die ebenfalls ihr Unwesen trieben. 1930 soll es allein 30 Millionen Banditen gegeben haben, die das Land (mit ca. 450 Millionen Einwohnern) unsicher machten.

Langsame Fortschritte

Trotz der Machtlosigkeit der Zentralregierung gab es dennoch auch Ansätze, die eine Bereitschaft zur grundlegenden Erneuerung des Landes erkennen ließen: Am 4. Mai 1919 kam es in Beijing zu massenhaften, langandauernden Protesten von Studenten, Intellektuellen und Arbeitern gegen die Übertragung der ehemaligen deutschen Schutzgebiete in China an Japan durch die Alliierten. Diese Bewegung verfolgte zunächst nur das Ziel der Wie-

2 Eine neue Zeit: das erste chinesische Parlament und der erste chinesische Präsident, Sun Yatsen, 1912
Wenig später wurde dieses aufgelöst.

derherstellung der nationalen Einheit. Sie zeigte zugleich, dass sich der chinesische Nationalismus im Gegensatz zur Selbststärkungsbewegung der Kaiserzeit nunmehr von einer geistigen Haltung zu einer aktiven politischen Kraft bei der Modernisierung des Landes und der Befreiung von ausländischer Bevormundung verwandelt hatte.

Zur gleichen Zeit wurden auch Forderungen nach tiefgreifenden politischen und kulturellen Reformen erhoben. Wie diese Erneuerung aussehen sollte, blieb allerdings unklar. Westlich-demokratische Vorstellungen, konservativ-autoritäre Lösungen und kommunistische Ideen bekämpften einander heftig. Zu den wichtigsten Kräften in diesen Auseinandersetzungen gehörten die von Sun Yatsen geführte Guomindang und die 1921 gegründete Kommunistische Partei. Beide Parteien verfolgten teilweise gemeinsame Ziele, stellten die Interessen des Staates, teilweise sogar die der von ihnen geführten Parteien über die Rechte des Individuums. Zugleich traten beide dafür ein, die innere Spaltung zu überwinden, die nationale Einheit Chinas wiederherzustellen und das Land von den ausländischen imperialistischen Mächten zu befreien. (▶ M7, M8, M10, M11)

Auch wenn beide Parteien anfänglich organisatorisch eng zusammenarbeiteten, unterschieden sie sich doch hinsichtlich ihrer Ideologie. So betonte Sun Yatsen trotz zeitweilig enger Beziehungen zur Sowjetunion die Notwendigkeit einer evolutionäre Entwicklung der Produktivkräfte. Auch wenn er dem Staat eine wichtige Rolle zuwies, setzte er auf eine Harmonie zwischen Kapital und Arbeit bei dem Bemühen, China zu modernisieren. Damit einher ging das Bemühen, westliches Wissen sich anzueignen, gleichwohl aber alte chinesische kulturelle Traditionen zu bewahren.

Die Kommunistische Partei hingegen, deren Ursprünge in der „4. Mai-Bewegung" und den Fernwirkungen der rus-

sischen Oktoberrevolution lagen, betonte den Klassencharakter der chinesischen Gesellschaft. (▶ M13) Angespornt durch das russische Vorbild, das erfolgreich eine rückständige Gesellschaft reformiert und ebenfalls dem Imperialismus den Kampf angesagt hatte, verfolgte diese revolutionäre Ziele. Ihren Ursprung hatte die Kommunistische Partei in dem Zusammenschluss einer relativ kleinen Zahl von kaum mehr als zweihundert Intellektuellen. In einem Prozess ständiger Diskussionen hatten diese sich zu Beginn der 1920er-Jahre von westlichen Demokratievorstellungen und nicht-bolschewistischen Varianten des Sozialismus abgewandt. Rückgrat der Bewegung, die 1927 ca. 60 000 Mitglieder hatte, waren vor allem die Arbeiter in den großen Zentren des Landes. Befreit von den bürokratischen Fesseln der Kaiserzeit und begünstigt durch einen wirtschaftlichen Aufschwung in der Zeit des Ersten Weltkrieges war dort eine aufstrebende Leichtindustrie entstanden. Zigaretten und Streichhölzer, Mehl und Zement gehörten u.a. zu den wichtigsten Produkten, die diese herstellten bzw. verarbeiteten. Auf Demonstrationen, mit länger dauernden Streiks und Aufrufen zum Boykott ausländischer Waren kämpften die Arbeiter in diesen Zentren unter Führung junger kommunistischer Aktivisten um mehr Rechte und gegen die Bevormundung Chinas durch ausländische Mächte. Im Bündnis mit Studenten und Kaufleuten konnten sie – wie 1925 in Shanghai – sogar einige Erfolge erringen. Dort hatten am 30. Mai, einem für die spätere chinesische Geschichte symbolisch bedeutsamen Tag, Tausende gegen die Ausbeutung und Unterdrückung durch imperialistische Mächte protestiert. Eine landesweite Protestwelle, die die Erschießung mehrerer Demonstranten ausgelöst hatte, zwang diese, deren Forderungen teilweise zu erfüllen. So sagten die Großmächte u.a. zu, China bis 1929 seine Zollhoheit zurückzugeben.

3 Revolutionäre Unruhen: bewaffnete Arbeiter in Shanghai 1927

Stabilisierung?

Der Gewinner der unruhigen 1920er-Jahre war zunächst jedoch die von General Chiang Kaischek geführte Guomindang. Nach dem gemeinsamen Sieg über die Warlords im sogenannten „Nordfeldzug", der große, wenn auch nicht alle Teile Chinas wieder vereinigte, hatte Chiang Kaischek sich gegen die mit ihm verbündeten Kommunisten gewandt. Bei einem Massaker in Shanghai wurden im Zusammenspiel mit lokalen Verbrechersyndikaten und Warlords unzählige Kommunisten 1927 ermordet, anschließende kommunistische Aufstände brutal niedergeschlagen.

Chiang Kaischek und die Guomindang repräsentierten die großen Landbesitzer und das inzwischen entstandene Großbürgertum in Industrie und Handel. Obwohl auch das Programm der Guomindang sozialreformerische Elemente enthielt, fürchteten diese Schichten eine Übernahme der Macht durch die Kommunisten. Verantwortlich dafür waren Berichte über Enteignungen und Hinrichtungen von „Klassenfeinden" in den von diesen beherrschten Gebieten. Gestützt auf diese Schichten und die Armee sowie mit wohlwollender Duldung ausländischer Mächte, die ihre Sonderrechte in den Pachtgebieten und Konzessionen nicht aufgeben wollten, errichtete Chiang Kaischek ein autoritäres Regime, das China von oben reformieren wollte. Für die große Mehrheit der Bevölkerung auf dem Lande, aber auch in den Städten änderte sich vorläufig aber nur wenig. Sie lebte weiterhin in unbeschreiblicher Armut. Versprochene Reformen, vor allem auf dem Lande, blieben aus. Hinzu kam, dass die Pächter, die die Interessen der Gentry auf dem Lande vertraten, die Landbevölkerung regelrecht tyrannisierten. Korruption, Erpressung, Missachtung alter Bräuche, Schmuggel und willkürliche Abgabenforderungen belasteten die Beziehungen zwischen Bauern und lokalen Eliten in zunehmendem Maße. Hinzu kamen

Naturkatastrophen und Seuchen, die Hunderttausende das Leben kosteten.

Die Nationalregierung, deren neue Hauptstadt seit 1927 Nanjing war, betrachtete es trotz der wachsenden japanischen Bedrohung seit 1930 als ihre Hauptaufgabe, die junge kommunistische Partei zu bekämpfen. Mit Hilfe der städtischen Arbeiterschaft hatte diese seit Mitte der 1920er-Jahre versucht, das Land zu revolutionieren. Da die Zahl der Arbeiter (1933 = 2,3 Millionen, was ca. 0,5 Prozent der Bevölkerung entsprach) gering war, konnte sie in den Städten jedoch keine wirkliche Massenbasis gewinnen und musste sich auf das Land zurückziehen. Es entbehrt nicht einer gewissen Ironie, dass die riesigen Landgebiete, in denen die große Mehrheit der Bevölkerung lebte, nun zur wichtigsten und eigentlichen Basis der Partei wurden.

Einer der bedeutendsten Agitatoren der Kommunistischen Partei auf dem Lande war Mao Zedong. (▶ M 21) Dieser war zwar eines der Gründungsmitglieder der Partei gewesen, die eigentliche Führung der Partei lag jedoch in den Händen von Li Dazhao, dem Direktor der Beijinger Universitätsbibliothek, in der Mao Zedong zeitweilig angestellt war, und Chen Duxiu, einem der einflussreichsten chinesischen Schriftsteller der Zeit. Im Gegensatz zu vielen seiner Genossen hatte Mao Zedong jedoch noch vor dem erzwungenen Rückzug die kommunistische Theorie von der führenden Rolle der Arbeiterschaft angezweifelt und die Bauernfrage zur zentralen Frage der nationalen Revolution erklärt. Anlass für dieses Urteil war der Erfolg der Bauernbewegung bei dem Sieg über die Warlords in der Provinz Hunan. (▶ M 15–M 22)

An diese Bewegung, die auf ältere chinesische Traditionen gemeinsamer Verteidigung und der Austragung von Konflikten zurückging, knüpfte die Kommunistische Partei an, versuchte diese aber auf der Grundlage der Theorie vom Klassenkampf zu beeinflussen. Dementsprechend sollten alle Landbesitzer – Eigentümer wie Pächter – enteignet werden. In der Praxis gingen die Vertreter der Kommunistischen Partei in den 15 weitgehend autonomen Gebieten mit ca. zweieinhalb Millionen Einwohnern, die sie nach der Vertreibung aus den Städten beherrschte, jedoch pragmatisch vor, um die Bauern, auf die sie angewiesen war, nicht zu verprellen. Deren Kader bemühten sich vielmehr, die lokale Bevölkerung durch praktische Hilfsmaßnahmen wie die Senkung von Pachtraten und Alphabetisierungskampagnen für sich zu gewinnen. Ein wichtiger Bestandteil der Politisierung der Massen auf dem Lande war neben der Gründung von Bauernvereinen der Aufbau einer eigenen „Roten Armee", mit der sich das Volk identifizierte. Im Gegensatz zu allen bisherigen Armeen drangsalierte diese die Bevölkerung nicht.

So erfolgreich die Kommunistische Partei auf dem Lande zeitweilig auch war, der von westlichen Beratern ausgebildeten Armee der Guomindang war sie auf die Dauer nicht gewachsen. Im Laufe eines mehrjährigen blutigen Bürgerkriegs mussten sich die Kommunisten aus den von ihnen gegründeten „Sowjetrepubliken" zurückziehen. Legendär geworden ist schließlich der „Lange Marsch" (▶ M33), den Mao Zedong und die Führung der Partei, begleitet von 86000 Männern und 35 Frauen 1934 antraten, um der Einkreisung und Vernichtung durch die von

deutschen Generälen ausgebildete nationalchinesische Armee zu entfliehen. Nach über einem Jahr erreichten dieser und 8000 Begleiter, die mehr als 9000 Kilometer in unwirtlichen Gebieten und im Kampf mit Warlord-Armeen, den Truppen Chiang Kaischeks und einheimischen Völkern zurückgelegt hatten, die Provinz Shaanxi. Für Mao Zedong war dieser Marsch, der durch gezielte propagandistische Berichte alsbald mythisch verklärt werden sollte, der eigentliche Durchbruch als Führer der Partei, auch wenn er diese Führung zunächst noch mit anderen Überlebenden teilen musste. Die Verklärung Mao Zedongs wie auch die bis heute in China vorherrschende Deutung, der Lange Marsch sei ein wichtiger Etappensieg auf dem unaufhaltsamen Weg zum Sieg der kommunistischen Bewegung gewesen, übersehen jedoch die schweren Macht- und Richtungskämpfe innerhalb der Partei vor, während und nach dem Marsch sowie die katastrophale Lage der Überlebenden. (▶ M36) Angesichts der gewaltigen Übermacht der Gegner war der endgültige Zusammenbruch der Bewegung dennoch nur eine Frage der Zeit. Erst das weitere gewaltsame Vordringen Japans beendete den Bürgerkrieg vorläufig. Eigene Generäle zwangen Chiang Kaischek 1936 im berühmten Xian-Zwischenfall, den Bürgerkrieg vorläufig zu beenden und sich gemeinsam mit den Kommunisten gegen den eigentlich Feind Chinas, Japan, zu wenden. (▶ M30–M32)

4 Sun Yatsen – das Programm des Revolutionsbundes (Tongmenghui) 1905

1. Vertreibung der Mandschus: Die Mandschus sind ein fremdes Barbarenvolk, das vor 260 Jahren in China eingefallen ist, die Chinesen unterdrückt und versklavt hat. Es gilt, China von diesem Joch zu befreien. Wer sich bei der
5 Revolution ergibt, soll geschont werden; wer Widerstand leistet, soll rücksichtslos aus dem Wege geräumt werden. Das bezieht sich nicht nur auf die Mandschus, sondern auch auf ihre chinesischen Helfershelfer.

2. Restauration der Herrschaft der Chinesen: Nach Besei-
10 tigung der Mandschu-Herrschaft sollen die Chinesen wieder selbst China regieren.

3. Errichtung der Republik: Alle Einwohner Chinas sollen einander gleichgestellt sein und die gleichen politischen Rechte genießen. Präsident und Parlament sollen vom
15 ganzen Volke gewählt werden.

4. Ausgleich der Grundbesitzrechte: „Das Glück der Zivilisation soll von allen Staatsbürgern gleichmäßig genossen werden. Zur Verbesserung der sozialwirtschaftlichen Organisation muss der Wert des Bodens im Reiche festgesetzt
20 werden. Der jetzige Wert des Bodens gehört nach wie vor dem Eigentümer. Der Wertzuwachs durch Verbesserungen und Fortschritte der sozialen Verhältnisse nach der Revolution gehört dem Staate; alle Staatsbürger sollen in den Genuss davon kommen und so mit der Begründung
25 eines sozialen Staates begonnen werden. Es soll erreicht werden, dass jede Familie und jeder Einzelne genug haben und innerhalb der vier Meere jeder das bekommt, was ihm zusteht. Wer es auf Grund einer volkswirtschaftlichen Sonderstellung wagt, den Lebensunterhalt der Nation zu
30 kontrollieren, wird vom Volke ausgestoßen.

Aus: Wolfgang Franke: Das Jahrhundert der chinesischen Revolution. 1958, S. 995. Zit. nach: Hermann Meyer / Wilhelm Langenbeck u. a.: Vom Zeitalter der Aufklärung bis zur Gegenwart. (Grundzüge der Geschichte – Sekundarstufe II. Historisch-politisches Arbeitsbuch, Quellenband II.) Frankfurt am Main 1975, S. 308

5 Albert Maybon, ein Franzose, beschrieb um 1913 den Übergang vom Kaiserreich zur Republik in Kanton (Guangzhou)

Diese jungchinesische Provinzialregierung setzte sich zusammen aus Journalisten, Auslandsstudenten, Söhnen von Industriellen, Kaufleuten und früheren aufrührerischen kleinen Beamten. In ihren Augen war der Geist der Tradition der Feind des Fortschrittes. Es galt, ihn in allen seinen 5 Äußerungen zu bekämpfen, das Gegenteil der Lehren der Vergangenheit zu lehren, reinen Tisch zu machen, ohne Mäßigung. Diese Theorie des Umsturzes verfochten nicht etwa, wie man meinen könnte, Ideologen, mit Abstraktionen angefüllte Philosophen. An der Spitze der Direktion 10 der Industrie sah man einen Industriellen, der lange Jahre in den Fabriken gearbeitet hatte, die sein Schwiegervater in der Südsee besaß; die Direktion der Finanzen unterstand einem großen Handelsherrn der Häfen des Südens. Andere Verwaltungszweige verfügten über Spezialisten. [...] 15 Die jungen Regierenden von Kanton waren praktische Menschen mit rein merkantilen Zielen, Utilitarier [nur auf den Nutzen bedachte Menschen]. Sie verdammten die Formen der alten Zivilisation, weil sie glaubten, diese hinderten den wirtschaftlichen Aufschwung des Landes. Sie präsentierten 20 das republikanische Regime als den geeignetsten Rahmen für die kommerzielle und industrielle Entwicklung, als einen weiten und leichten Rahmen, durch den – so glaubten sie – sich weder das Individuum noch die Gruppe behindert finden würde. [...] Das junge China war überzeugt, dass 25 ein solches Aufblühen der menschlichen Persönlichkeit nur möglich sei, wenn Unterschiede einer sozialen Hierarchie verschwinden und Vorrechte, Privilegien von Clans unbekannt sind. Es lehrte vor allem an erster Stelle, dass die Bedingungen gleich gemacht, die Vorurteile, die über- 30 kommenen Anschauungen, die Bindungen der Familie und sonstige Bindungen zerstört werden müssen, damit das Individuum frei dem Kampf um Reichtum nachgehen könne.

Zit. nach: Wolfgang Franke: Das Jahrhundert der chinesischen Revolution 1851–1949. München 1958, S. 121–123.

4

6 Britische Marinesoldaten des Schweren Kreuzers „Hawkins" am 12. März 1927 in Shanghai
Um die in den Pachtgebieten lebenden eigenen Bürger zu schützen und wirtschaftliche Interessen zu verteidigen, setzten alle ausländischen Mächte notfalls auch rücksichtslos Truppen ein.

7 Die Drei Volksprinzipien
Aus einer Rede von Sun Yatsen, 1921:
Die Drei Prinzipien sind: Volksselbständigkeit, Volksherrschaft und Volkswohlstand. Früher, als China noch von der Mandschu-Dynastie beherrscht war, trachteten sämtliche Revolutionäre nur nach der Volksselbständigkeit. Die
5 Volksherrschaft (Demokratie) und den Volkswohlstand (Sozialismus) haben sie dagegen nicht wichtig genommen. [...] Jetzt ist diese Dynastie gestürzt, und das Volk müsste sich eigentlich seiner unumschränkten Freiheit erfreuen. Das ist jedoch nicht der Fall. Warum? Weil unsere
10 Partei ihre Aufgabe noch längst nicht erfüllt hat, weil sie nur den negativen Teil erledigt, mit dem positiven aber noch nicht einmal begonnen hat. [...] Dass die Chinesen, ein Volk von 400 Millionen, sich nicht zu einer Nation, zu einem Staat zusammenschließen können, ist eine Schan-
15 de und ein Beweis mehr dafür, dass selbst das erste Prinzip noch nicht restlos durchgeführt ist, dass wir also in dieser Hinsicht noch weiterkämpfen müssen. Wir müssen eine chinesische Republik gründen, die alle Mandschuren, Mongolen, Tibetaner, Mohammedaner und Chinesen zu
20 einer Nation vereinigt. [...] Mein Prinzip der Demokratie ist das Prinzip der Volksherrschaft der Schweiz; aber ein Prinzip der unmittelbaren Volksherrschaft. [...]
Die wesentlichsten Punkte dieser Herrschaft sind: Wahlrecht für alle Bürger; Abberufungsrecht; Einspruchsrecht;
25 Recht der Initiative.
Der Volkswohlstand ist der moderne Sozialismus. [...] Was ist mein Verwirklichungsplan? Er bezieht sich auf die Fragen des Bodens und des Kapitals. Die gegenwärtigen Beobachter des sozialen Lebens sagen, dass es in China kei-
30 ne Kapitalisten gebe; daher brauche man sich wegen des Sozialismus keine Gedanken machen. Wieder andere sagen, es ist Zeit genug, sich wegen des Sozialismus Gedanken zu

machen, wenn die Kapitalisten da sind. Diese Gedanken sind aber durchaus falsch. Nun ist es freilich kein Wunder, dass diejenigen, die sich wegen des Sozialismus Gedanken 35 machen, den Sozialismus nicht verstehen können. Denn wenn man den Sozialismus nur durch Bücher kennen lernt, so kann man kein richtiges Bild davon erhalten. Ich habe immer gesagt: Je mehr die Chinesen lesen, desto dümmer werden sie. Das gilt auch für die Büchersozialisten. 40

Aus: K. A. Wittfogel: Sun Yatsen. Wien-Berlin o. J., S. 228–232. Zit. nach: Wolfgang Bauer: China – vom Kaiserstaat zum Kommunismus, Stuttgart, o. J., S. 6 f.

8 Wir müssen das Herz des Volkes gewinnen!
Aus einer Rede von Sun Yatsen, 1924:
Es ist notwendig, dass wir unserer Partei eine neue Organisation geben, damit sie endlich ins Innere der Provinzen eindringen kann. Bisher haben wir unsere Basis und unsere Freunde im Auslande gehabt. Im Inneren des Landes war unser Einfluss fast gleich Null. [...] Es wird nötig, unsere 5 Partei auf eine andere Kraft zu stützen, die nicht mehr von außen kommt, sondern die von innen wirkt; das heißt, auf die innere Zustimmung der Volksmassen zum Gedanken der Revolution. [...] Gestehen wir es uns, das chinesische Volk steht der Idee der Revolution nicht sympathisch ge- 10 genüber. So kam es, dass die revolutionäre Bewegung bis auf den heutigen Tag ein Bach ohne Quelle, ein Baum ohne Wurzeln war. [...] Die Idee der Revolution muss sich auf dem Wege der politischen Aufklärung durchsetzen. Es nützt nichts, wenn man versucht, sie mit den Waffen 15 aufzuzwingen. [...] Ich möchte die Periode, die vom Jahre 1911 bis zur Gegenwart verflossen ist, die kriegerische nennen. Eine Fortsetzung dieser Taktik würde zu nichts führen, jedenfalls zu nichts, was von Dauer wäre. Wenn

20 wir wollen, dass die Idee der „Drei Prinzipien" triumphiert, die Formel unserer Revolutionären Partei, dann müssen wir uns umgruppieren und reorganisieren. Dann müssen wir friedlichere Methoden zur Anwendung bringen. Dann müssen wir vor allem das Herz des Volkes gewinnen!

Aus: K.A. Wittfogel: Sun Yatsen. Wien-Berlin o.J., S.313–316. Zit. nach: Wolfgang Bauer: China – vom Kaiserstaat zum Kommunismus. Stuttgart, o.J., S. 20f.

9 Gewinner der Modernisierung – junge Chinesinnen in Shanghai 1937

10 Dem Lande dienen – aus dem Manifest des Reorganisationsparteitages der Guomindang (GMD), 1924:
Das Joch der Mandschus wurde durch die erste Revolution abgeworfen. Allein die europäische Gewaltherrschaft dauert noch fort. [...] Es besteht daher die gebieterische Notwendigkeit, den Kampf gegen diese fremdländische
5 imperialistische Herrschaft zu führen, denn während die Militaristen Chinas sich mit den fremden Mächten verbünden, sind die Kapitalisten ihrerseits ängstlich mit der Fertigstellung ihres Planes einer ökonomischen Eroberung unserer Nation beschäftigt. [...]
10 Wir sind der Überzeugung, dass der Nationalismus der GMD nichts anderes bedeutet als Kampf gegen den Imperialismus, und dass unser antiimperialistischer Kampf nur dann von Erfolg gekrönt sein wird, wenn alle Klassen eng zusammen arbeiten. [...] In Bezug auf die Rechte des
15 Volkes fordert die GMD nicht allein die indirekten Rechte der Volksvertretung, sondern auch die direkten politischen Rechte des Volkes, das Recht der Initiative, des Referendums und der Abberufung der gewählten Vertreter. [...] Die Erfahrung hat gelehrt, dass die sogenannten de-

mokratischen Regierungen der westlichen Länder oft in 20 Wahrheit gar nicht den Willen des Volkes zum Ausdruck bringen. [...] Die Volksrechte einer Republik können nur den republikanischen Volksmassen zukommen. [...] Alle Einzelpersonen oder Organisationen aber, die an der Nation Verrat üben oder die im Interesse der Imperialisten und 25 Militaristen wirken, sollen ihrer Rechte beraubt werden. [...] Die stärkste Ursache aller wirtschaftlichen Ungleichheit in einer Gesellschaft besteht darin, dass der Grund und Boden sich in den Händen einer kleinen Minderheit befindet. [...] China war und ist heute noch ein Agrar- 30 land, und von allen Klassen leidet die ländliche Bevölkerung am meisten. Der Staat wird denjenigen Bauern, die ihres Landes beraubt sind und die als Pächter von Landbesitzern leben müssen, Land zur Bearbeitung übergeben. Bewässerungspläne werden ausgearbeitet werden, um ihre 35 Arbeit zu unterstützen, und Kolonisierungspläne werden gemacht werden, um den landlosen Bauern zu helfen. [...] Auch die Arbeiter Chinas haben bisher ohne Schutz seitens der Regierung gearbeitet. Die GMD ist der Meinung, dass der Staat besondere Vorkehrungen zum Schutze der 40 Arbeitslosen zu treffen hat, um ihren Lebensunterhalt sicherzustellen. [...] Die GMD wird ihr Bestes tun, um die Bauern- und Arbeiterbewegung zu unterstützen. [...]
Das chinesische Militär hat in hohem Maße aus Bauern bestanden, und doch verstehen die Soldaten nicht, dass 45 es ihre Pflicht ist, dem Volke zu dienen und es zu schützen; sie verstehen nicht, wie wichtig der Kampf gegen den Imperialismus ist. Sie haben sich im Gegenteil von den Militaristen dazu gebrauchen lassen, gegen das Wohl des Volkes selbst mit Gewalt vorzugehen. [...] Im Hinblick auf 50 die Tatsache gibt sich die GMD alle Mühe, ihr eigenes Militär zu bilden und es zu einer Truppe umzuformen, die wirklich für das Wohl des Volkes lebt. [...].
Zur gleichen Zeit wird die Partei alle ihre Kräfte daran setzen, ihren Einfluss zu verbreiten und neue Anhänger im ganzen 55 Lande zu gewinnen. [...] Denn nur eine starke Parteiorganisation wird die GMD befähigen, dem Lande zu dienen.

Aus: K.A. Wittfogel: Sun Yatsen. Wien-Berlin o.J., S.317–322. Zit. nach: Wolfgang Bauer: China – vom Kaiserstaat zum Kommunismus. Stuttgart, o.J., S. 21f.

11 Die Revolution hat ihr Ziel noch nicht erreicht – das politische Testament von Sun Yatsen, 1925
Vierzig Jahre lang habe ich die nationale Revolution vorwärtsgetrieben. Immer hat mir dabei als Ziel Chinas Freiheit und Gleichheit vorgeschwebt. Die Erfahrung dieser vierzig Jahre hat mich zu der Überzeugung gebracht, dass die Erreichung jenes Zieles zwei Voraussetzungen hat: Es 5 gilt, sich auf die Massen zu stützen und unseren Kampf mit dem Kampf derjenigen Nationen zu vereinigen, die unser Volk als auf dem Fuße der Gleichberechtigung stehend behandeln. Die Revolution hat ihr Ziel noch nicht erreicht. Alle meine Genossen müssen daher den Kampf 10 fortsetzen, indem sie sich zur Erreichung unseres revolutionären Zieles stützen auf meinen Plan für den Staatsaufbau, auf die Prinzipien für den nationalen Aufbau, auf die Drei Prinzipien und auf das Manifest der Ersten Reichskonferenz der Guomindang. In möglichst kurzer Zeit soll 15 mein Gedanke, einen Nationalkongress abzuhalten und die ungleichen Verträge abzuschaffen, zur Ausführung gebracht werden.

Aus: K. A. Wittfogel: Sun Yatsen. Wien-Berlin o.J., S.323f. Zit. nach: Wolfgang Bauer: China – vom Kaiserstaat zum Kommunismus. Stuttgart, o.J., S. 23.

12 **Verlierer:** Fast 80 Prozent der Bevölkerung lebten auf dem Lande unter teilweise äußerst ärmlichen Verhältnissen. Während 4 Prozent der Grundherren 39 Prozent des Landes gehörten. besaßen 68 Prozent der armen Bauern und Landarbeitern nur 14 Prozent. „Der Bauer", so ein Historiker, „gleiche vielerorts einem „Mann, der bis zum Hals im Wasser stehe: Ein zusätzlicher Tropfen genüge, um ihn zu ertränken." Fotografie ca. 1930.

13 **Die Forderungen der Kommunistischen Partei Chinas (KPC) – aus dem ersten Manifest der KPC zur gegenwärtigen Lage, 10. Juni 1922**

China hat jahrtausendelang im Zustand der Feudalwirtschaft gelebt. Seine ökonomische Grundlage war die Landwirtschaft. Daher war China sozial gespalten, und ihm fehlten eine starke Organisation und ein bewusstes
5 politisches Leben. Erst in der zweiten Hälfte des neunzehnten Jahrhunderts stellte die Entwicklung der weltkapitalistischen Produktion die kapitalistischen Länder vor die Frage, wie sie den riesigen chinesischen Markt für sich ausnützen könnten. China, bis dahin durch die
10 Jahrtausende ausländischem Einfluss unzugänglich, war jetzt der Unterdrückung durch fremde Staaten ausgeliefert. Die chinesischen Volksmassen haben in den Jahren ihrer Bedrohung durch die Annexionspolitik der kapitalistischen Staaten versucht, den Eroberern in offenem
15 Kampfe Widerstand zu leisten. [...] Das bedeutungsvollste Ereignis in den Jahren des Kampfes gegen das alte Regime war jedoch die Revolution von 1911, die den Massen des Volkes Gelegenheit bot, unmittelbar an dem politischen Wiederaufbau ihres Landes mitarbeiten zu können. [...]
20 Die Revolution von 1911 hatte zwei historische Aufgaben: sie sollte erstens den Sturz der Mandschudynastie herbeiführen und zweitens China von fremder Unterdrückung befreien und es in einen unabhängigen Staat umwandeln. [...] Die chinesische Revolution gelangte nicht zum
25 vollen Sieg. Die Demokratische Partei [die GMD], welche die Forderungen der liberalen Gesellschaftsschicht vertrat, ließ sich auf einen Kompromiss mit der konterrevolutionären Klasse der feudalen Großgrundbesitzer ein. [...] Der Kampf um die Demokratie ist der Kampf einer einzelnen
30 Klasse zur Beseitigung der Herrschaft einer anderen Klasse. Von allen in China vorhandenen politischen Parteien kann nur die GMD als revolutionäre Partei bezeichnet

werden, jedoch besitzt auch sie nur ein relatives Maß demokratischen und revolutionären Geistes. [...] Solange die Militärherrschaft [der Generäle] nicht beseitigt ist, 35 sind alle Vorbedingungen gegeben, den Militärs die Aufnahme neuer Auslandsanleihen zu ermöglichen und so den Einfluss des Auslands in China zu stärken. [...] Die KPC kämpft als Avantgarde des Proletariats für die Befreiung der Arbeiterklasse und für die proletarische Re- 40 volution. [...] Unsere vordringlichsten Ziele sind die folgenden:
(1) Die Revision des Zollsystems, das der Weltkapitalismus China gewaltsam auf gezwungen hat; die Abschaffung der Konsulargerichtsbarkeit (Extra-Territorialität) und des ge- 45 samten Systems der Ausländerprivilegien.
(2) Die Beseitigung der Herrschaft des Militärs und der bestechlichen Bürokratie, Einziehung des Vermögens der Militärs und Verteilung ihres großen Grundbesitzes an die ärmsten Bauern. 50
(3) Das allgemeine Wahlrecht.
(4) Versammlungs-, Rede- und Pressefreiheit, Aufhebung der Polizeiverordnungen zum Schutze „der öffentlichen Ordnung", Streikrecht.
(5) Herabsetzung der Grundsteuern. 55
(6) Allgemeiner Schulzwang.
(7) Verbot von Kinder- und Frauenarbeit; gesetzliche Vorschriften für sanitäre Anlagen in Fabriken und Läden; Arbeiterversicherungsgesetzgebung.
(8) Abschaffung aller Zuschlagszölle. 60
(9) Revision des Gesetzbuches und sofortige Abschaffung der Todesstrafe und der Tortur; gleiches Recht für Mann und Frau und Einführung einer progressiven Einkommensteuer.

Aus: Brandt/Schwarz-Fairbank: Der Kommunismus in China. München 1955, S. 30–40. Zit. nach: Wolfgang Bauer: China – vom Kaiserstaat zum Kommunismus. Stuttgart:, o.J., S. 23–25.

14 Chiang Kaischek (1887–1975) mit seiner Frau (rechts) und Madame Chiang Song Meiling und General Chiang Xueliang (links), 1931

15 Über die Lebensbedingungen der Menschen in China

Ein Bericht der Internationalen Kommission für Hungerhilfe in China stellte 1924 über den nordchinesischen Bauern fest:
In allen Jahren, mit Ausnahme der üppigsten, ist er [der Bauer] systematisch unterernährt. Die kalte Jahreszeit verbringt er in einer Art Winterschlaf und enthält sich aller unnötigen Anstrengung, um seinen Nahrungsbedarf
5 herabzusetzen. Ergebnis ist, dass er sich, wenn der Frühling kommt und die Arbeit auf den Feldern wieder aufgenommen wird, vorsichtig auf körperliche Arbeit vorbereiten muss. [...] Mehr als die Hälfte der Bevölkerung der Dörfer in Jiangsu und mehr als 80% der Hebei-Dörfer lie-
10 gen unterhalb der Armutslinie.

Aus: Herbert D. Lamson: Social Pathology in China. Shanghai, 1935, S. 15. Zit. nach: Jürgen Osterhammel: Das moderne China. Frankfurt a. M., 1979, S. 30 f.

16 Elementarbildung

Von den Kindern im Schulalter [von 230 untersuchten Arbeiterfamilien in Shanghai 1930] sind 84,7% der Jungen und 97,9% der Mädchen ohne jegliche Schulbildung. [...] In Peking erhielten im Jahre 1930 nur 19,2% aller
5 Kinder irgendeine Erziehung, sei es in Schulen, sei es bei Privatlehrern. [...] Offizielle Zahlen zeigen, dass 1929 von (geschätzten) 41 400 000 Kindern im Alter zwischen sechs und neun Jahren in ganz China nur 8 839 000 oder 21% Elementarschulen besuchten.

Zit. nach: Herbert D. Lamson: Social Pathology in China, a. a. O., S. 31.

17 Gesundheit

In China ist langes Leben besonders hochgeschätzt worden, und das Beste, das man sich gegenseitig gewünscht hat, ist immer die Hoffnung auf langes Leben gewesen. Trotz der Häufigkeit dieses Wunsches [...] hat es China
5 nicht vermocht, über die Jahrhunderte hinweg die durchschnittliche Dauer des Lebens zu verlängern. Vermutlich liegt die durchschnittliche Dauer des Lebens in China dreißig Jahre unter der in den gesündesten Ländern des Westens. Es dürfte durchaus möglich sein, die durch-
10 schnittliche Lebensspanne von 25 oder 30 auf 55 oder 60 Jahre zu erhöhen.

Aus: Herbert D. Lamson: Social Pathology in China, a. a. O., S. 31

18 Ein Bauer erinnert sich an die Zeit vor 1949

Ein Dorf am Vorabend der kommunistischen Machtübernahme:
Trotz vieler neuer Bauten bot das Dorf [...] wohl seit Jahrhunderten den immer gleichen verfallenden Anblick. Jede vernachlässigte Mauer, jedes vernachlässigte Dach, erbaut aus der gleichen Erde, auf der das Haus stand,
5 kehrte unter den strömenden Sommerregen wieder zur Erde zurück. [...] Die Menschen fanden immer neue Abkürzungen und schufen immer neue Wege von Haus zu Haus. Nur die Reichen konnten sich unbeschädigte, geradegezogene Mauern leisten. [...] Gewöhnlich lungerten Soldaten im Laden und in der Schänke herum. [...] Die-
10 se Soldaten, wem immer sie auch unterstanden, wurden bei den Bewohnern des Dorfes einquartiert, führten ein liederliches, korruptes Leben und nahmen sich, wonach ihnen der Sinn stand – einschließlich der Frauen und Töchter der armen Bauern. [...] Die Zahl der Dorfbewoh-
15

4

ner schwankte stark. Eine schlechte Ernte reduzierte ihre Zahl nicht selten auf die Hälfte; ein Teil der Armen starb, und der Rest floh in einem verzweifelten Wettlauf mit dem Tod in eine andere Gegend. [...] Alles in allem ka-
20 men auf jeden Mann, jede Frau und jedes Kind knapp 4 ha Land. Angesichts des sehr niedrigen allgemeinen Lebensstandards genügte der Ertrag dieses Bodens in einem guten Erntejahr reichlich zur Ernährung eines Menschen. Die Armen jedoch, die Land pachteten oder sich
25 als Landarbeiter verdingten, mussten mehr als die Hafte der eingebrachten Ernte abliefern, während die Reichen den Überschuss von vielen Hektar Land erhielten. [...] Die Grundlage der gesamten Landwirtschaft bildete der Dünger. Die wichtigste Quelle war die Familienlatrine,
30 und diese wurde im gewissen Sinne der Mittelpunkt des Haushalts. [...] Einen legendären Ruf hatten in der Gegend die Grundbesitzer, die so geizig waren, dass sie ihren Tagelöhnern das Verrichten der Notdurft auf den Feldern verboten; diese mussten den ganzen Weg zum Haus jener
35 Familie zurücklegen, um dort ihre kostbare Last loszuwerden [...] Der tierische Dung [...] war eine solche Kostbarkeit, dass die alten Leute und die Kinder Straßen und Wege ständig nach Mist absuchten, ihn aufsammelten und in Körben nach Hause trugen. Die Notwendigkeit, je-
40 den Abfall aufzuheben und ihn zum Boden zurückkehren zu lassen, erklärte das trotz einstürzender Mauern und Dächer ständig saubere Aussehen der Straßen und Höfe. [...] Bei kaltem Wetter verwendeten die Leute wattierte Kleidung, in der sie doppelt so dick aussahen, als sie waren.
45 Diese wärmte auf zwei Arten: einmal durch die Isolierung der dicken Baumwollschichten und zum anderen durch die Läuse, die sich in den Nähten eingenistet hatten. [...] Die Nahrung in Chang-chuang war sehr einfach. Da vor allem Mais angebaut wurde, aß man morgens Maisklöße
50 und mittags Maismehlbrei oder Nudeln aus Mais. [...] Nach der Weizenernte im Juli aßen alle Dorfbewohner mehrere Tage lang Nudeln, das galt aber als Luxus, und nur die Reichen konnten sie sich bis in den August hinein erlauben. Solche Familien aßen auch als einzige das
55 ganze Jahr über drei Mahlzeiten am Tag. Die meisten Fa-

milien mussten sich auf zwei und mit Beginn des Winters sogar auf eine Mahlzeit beschränken. Unterernährt, wie sie waren, bewegten sie sich so wenig wie möglich und bemühten sich, bis zum Frühling bei Kräften zu bleiben.
60 Im Laufe der Jahre bestand das große Problem der Bauern nicht darin, ihre Nahrung vielseitiger zu gestalten, sondern darin, überhaupt etwas zu essen zu finden. Sie mussten ihre mageren Getreideernten oft durch Kleie, Spreu, wilde Gräser von den Hügeln oder selbst durch
65 Blätter und Rinde von den Bäumen ergänzen, wenn der „Chunhuang" (Frühjahrshunger) einsetzte. Für jeden Tag, den man überlebte, war man dankbar, und so grüßte man sich in der Gegend in fetten und in mageren Jahren nicht mit „Guten Tag" oder „Wie geht's", sondern sehr
70 einfach, aber aus ganzem Herzen mit dem Gruß: „Hast du schon gegessen?"

Zit. nach: William Hinton: „Fanshen, Dokumentation über die Revolution in einem chinesischen Dorf", 1. Band. Ed. Suhrkamp Nr. 566, S. 37–47.

19 Angesichts der Lage der Bauern schreibt der Führer der kommunistischen Partei, Mao Zedong, 1927

In kurzer Zeit werden sich die Bauern zu Hunderten von Millionen in Mittel-, Süd- und Nordchina mit der Gewalt eines Wirbelsturms erheben, keine noch so starke Macht kann sie mehr aufhalten. Sie werden alle Fesseln durchbre-
5 chen, die sie binden, und zum Weg der Befreiung vorstürmen. Alle Imperialisten, Militärherrscher, bestechlichen Beamten und schlechte Gentry [Adel] erwartet das Gericht durch die Hand der Bauern. [...] Wenn wir dem Verdienst die Ehre geben wollen und zehn Punkte für die Durchfüh-
10 rung der demokratischen Revolution aussetzen, dann entfallen auf die Leistung der Städter und der militärischen Streitkräfte nur drei Punkte, während die übrigen sieben Punkte den Bauern für ihre Revolution auf dem Lande zukommen sollten. [...]

Conrad Brandt, Geschichte, München 1955, S. 58–67.

20 „Retter seiner ertrinkenden Landsleute" – Chiang Kaischek im Kampf gegen die Warlords. Propagandaplakat um 1927

21 Mao Zedong wirbt auf einer Parteikonferenz für seine Ideen von der Revolutionierung der Massen und die Bildung einer Roten Armee, 1929. Chinesisches Propagandaplakat.

22 Vor dem Aufbau einer einheimischen Industrie gab es eine größere Anzahl von Betrieben in ausländischer Hand

Die soziale Lage der ca. zwei Millionen Arbeiter (=0,9 Prozent der erwerbstätigen Bevölkerung) untersuchte zu Beginn der 1930er-Jahre eine ausländische Kommission:
In den englischen Fabriken wurde intensiver gearbeitet als
5 in den chinesischen; in den japanischen war das Tempo genauso groß wie in den englischen Fabriken (Arbeitszeit 14 bis 16 Stunden) […] Wenn ein Weißer (Europäer oder Amerikaner) sah, dass jemand ausspuckte, dann musste der Betreffende das wieder aufessen. Aus Furcht davor, dass das
10 Garn riss, trauten die Arbeiter sich nicht auf die Toilette. Oft gab es Schläge von den Weißen. Sie hatten auch keine Zeit zum Essen – nur wenn der Weiße einmal hinausgegangen war, konnten sie schnell einen Bissen zu sich nehmen. Riss der Faden oder fiel Baumwolle auf den Fußboden, so
15 wurden Strafen verhängt, indem der Lohn für vier bis fünf Tage abgezogen wurde. Wenn man einen Augenblick von der Maschine fortging, um heißes Wasser für den Reis zu holen, wurde man ebenfalls bestraft. Fand man bei einem Arbeiter ein Stückchen versteckter Baumwolle, so wurde
20 der Betreffende an den Händen aufgehängt.
[…] Wenn Arbeiterinnen schwanger waren und dies bemerkt wurde, wurden sie entlassen. Um das zu verhindern, schnürten sie ihren Leib, und nicht selten wurden Kinder im Arbeitsraum geboren. Der Abstand zwischen den ein-
25 zelnen Maschinen betrug nur 30 Zoll und war insbeson-

dere für die schwangeren Arbeiterinnen viel zu eng und zu gefährlich. Die Temperaturen in den Arbeitsräumen betrugen bis zu 44°C. Schwangere Frauen erhielten keinerlei Unterstützung, und es lag völlig bei ihnen, wie lange sie die Arbeit fortsetzten. Um selbst zu überleben, mussten viele 30 Frauen ihre Kinder gleich nach der Geburt in den Kübel für Exkremente oder anderswohin werfen, da sie eben zu arm waren, sie am Leben zu erhalten. […] Der Ausschuss sah viele Kinder bei der Arbeit, die nicht älter als sechs sein konnten. Diese unglücklichen Geschöpfe werden oft 35 durch Agenten bei den Eltern gemietet. Die Eltern bekommen dafür etwa vier Mark, die Agenten bis zu acht Mark monatlich. Die Kinder bekommen nichts. Ihre Unterkunft und Ernährung ist oft entsetzlich schlecht. Sie erhalten kein Geld, und ihre Lebensbedingungen entsprechen prak- 40 tisch denen der Sklaverei. Die Kleinen haben genauso gut Nachtschichten zu leisten wie die Erwachsenen. Bisweilen müssen sie sogar länger tätig sein als diese. […] Im Bezirk Shanghai müssen die Kinder fast immer bei der Arbeit stehen, und zwar fünf oder sechs Stunden hintereinander. 45 In anderen Abteilungen der Seidenspinnereien haben die Kinder die Kokons zu bürsten und den Seidenfaden sauber bloßzulegen. Diese Arbeit geschieht über Gefäßen, die fast kochendes Wasser enthalten, mit dem die Finger der Kinder oft notwendigerweise in Berührung kommen, so dass 50 die Finger sich röten und hässlich werden.

Thomas Heberer: Wenn der Drache sich erhebt. China zwischen Gestern und Heute, Baden-Baden 1988, S. 76.

4.2 China bleibt ein „Objekt der Begierde"

Das Ende des Ersten Weltkrieges und die Umwälzungen in der internationalen Politik bedeuteten nicht, dass China in der Folgezeit kein „Objekt der Begierde" mehr war. Auf der Friedenskonferenz von Versailles wurde China, das 1917 an der Seite der Alliierten in den Krieg eingetreten war, nicht als gleichberechtigte Macht anerkannt. Die europäischen Kolonialmächte wie auch Japan behielten vielmehr ihre Pachtgebiete. Gleichermaßen blieben die im Laufe des 19. und des frühen 20. Jahrhunderts geschlossenen „ungleichen Verträge" in Kraft. „Das Ausmaß der Einschränkungen chinesischer Souveränität wurde noch nicht einmal auf den Stand von 1910 zurück-

geschraubt. Die Großmächte hielten es für ein großes Entgegenkommen, einvernehmlich ihre weitere Expansion in China gestoppt zu haben", so der Historiker Jürgen Osterhammel.
Der innere Zerfall erwies sich jedoch bald als ein großes Hindernis, den eigenen Einfluss aufrechtzuerhalten oder gar auszudehnen. Hinzu kam, dass die chinesische Bevölkerung keineswegs bereit war, die Einflussnahme fremder Mächte widerstandslos hinzunehmen. Daher kam es immer wieder zu Boykotten ausländischer Waren und Demonstrationen. Diese wurden zwar häufig mit brutalen Mitteln niedergeschlagen, ließen die aus-

4

23 Straßenszene in Shanghai 1935

24 Kanton (Guangzhou), Geschäftsstraße 1935

wärtigen Mächte aber doch erkennen, dass die Zeiten hemmungsloser Einmischung zu Ende waren. Auch wenn weiterhin ausländische Kanonenboote auf den großen Flüssen des Landes patrouillierten und Tausende fremder Soldaten die Pachtgebiete und internationalen Niederlassungen sicherten (▶ M 6), wandelte sich deren Politik gegenüber China, wenn auch sehr langsam. So verließen ausländische Missionare, jahrzehntelang Symbole fremder Einflussnahme auf die einheimische Bevölkerung, deren Kultur und deren Glauben, allmählich das Land. Chinesisch-ausländische Firmen, Vorformen heutiger Joint ventures, traten an die Stelle rein westlicher Unternehmen. Dabei sollte freilich nicht übersehen werden, dass es sich dabei auch um eine verschleierte Form eines informellen Imperialismus handelte. Westliche Banken, Großkonzerne wie die British and American Tobacco Corporation und traditionelle China-Multis wie Jardine Matheson & Co und die sie stützenden Regierungen hofften, im Gegenzug für die stillschweigende Anerkennung der chinesischen Souveränität und Entgegenkommen gegenüber dem Machtanspruch und der Habgier der Regierenden deren Unterstützung bei der Durchdringung des Chinamarktes zu erhalten. Nur so schien es möglich, die Voraussetzungen für einen industriellen Aufbau des Riesenreiches und damit für jene Massenkaufkraft zu schaffen, von der europäische Imperialisten seit dem 19. Jahrhundert geträumt hatten.

Dieser Wandel in der Haltung gegenüber China ermöglichte es der chinesischen Diplomatie zugleich, trotz der eigenen Schwäche mit kleineren Staaten, aber auch ehemaligen Kolonialmächten wie dem Deutschen Reich und der Sowjetunion – beide Verlierer des Ersten Weltkrieges – Verträge zu schließen, die auf gegenseitiger Gleichberechtigung beruhten bzw. in denen alte Privilegien aufgehoben wurden. Auch seine Zollhoheit konnte

China allmählich wiederherstellen. In den 1930er-Jahren verzichteten schließlich auch die Vereinigten Staaten und Großbritannien, das im 19. Jahrhundert als erste Macht chinesische Gebiete besetzt hatte, auf einen Teil ihrer Rechte. Einige seit der Jahrhundertwende besetzten Pachtgebiete wurden ebenfalls zurückgegeben. Die endgültige Aufhebung der Vorrechte fremder Mächte war daher nur noch eine Frage der Zeit. Dies bedeutete allerdings nicht, dass die Zeiten informeller imperialistischer Herrschaft damit endgültig vorüber waren.

Japanische Aggression

Im Gegensatz zu den westlichen Mächten, die nach dem Ersten Weltkrieg allmählich zu einer Politik der informellen Einflussnahme in China und eine defensive Stabilisierung ihrer Positionen, gestützt auf eine Zusammenarbeit mit der chinesischen Regierung, übergingen, versuchte Japan seine Herrschaft über China im Rahmen einer zunehmend offensiveren Strategie auszudehnen. Anders als die Westmächte, so der Historiker Jürgen Osterhammel, führte Japan keine Verhandlungen und schloss keine Kompromisse: „Es diktierte."

Bereits in den 1890er-Jahren hatte die einzige asiatische imperialistische Macht begonnen, ihren Einfluss auf dem chinesischen Festland zu erweitern. Auf Druck der europäischen Mächte hatte die japanische Regierung ihre Forderungen aber mäßigen müssen. Nur die Insel Formosa (heute: Taiwan) wurde an Japan abgetreten, nicht aber das aus japanischer Sicht viel bedeutendere Königreich Korea, das China seit Jahrhunderten tributpflichtig gewesen war und das nunmehr seine Unabhängigkeit erhielt. Nach dem Russisch-Japanischen Krieg von 1904/05 übernahm Japan die russischen Pachtgebiete auf der Halbinsel Liaodong und die Kontrolle wichtiger Eisenbahnlinien. 1910 annektierte es schließlich auch das bis dahin formell unabhängige Korea. Nach Ausbruch des Ersten Weltkrieges 1914 besetzte Japan, das mit Großbritannien verbündet war, die deutsche Kolonie Qingdao. 1915 überreichte es der chinesischen Regierung die sogenannten „21 Forderungen", die China zu einem japanischen Protektorat machen sollten. (▶ M27) Dadurch wollte es seine Handelsposition auf dem Festland, seine Rohstoffreserven und seine Absatzmärkte sichern. Nur der Einspruch der übrigen Mächte verhinderte deren Verwirklichung.

Auch wenn Japan seinen Einfluss in China nach dem Ende des Ersten Weltkrieges formell daher zunächst nicht erweitern konnte, nutzten die zum Schutz japanischer Bahngesellschaften stationierten Truppen jede Gelegenheit, den eigenen Machtbereich zu erweitern. Die lokalen Befehlshaber handelten dabei oft ohne Zustimmung der Regierung in Tokio. Ein inszenierter Zwischenfall in Mukden (heutiges Shenyang) war 1931 schließlich die Gelegenheit, die Mandschurei zu annektieren. Diese Provinz enthielt alles, was Japan unter dem Druck wirtschaftlicher Schwierigkeiten und einer stetig steigenden eigenen Bevölkerung zu benötigen glaubte: Siedlungsland, Bodenschätze und Absatzmärkte. Darüber hinaus glaubten viele verantwortliche Militärs und Politiker in Japan, dadurch das eigene Rüstungspotenzial für einen erwarteten Krieg gegen rivalisierende Mächte im Pazifik, allen voran die Vereinigten Staaten, aber auch die als Bedrohung angesehene Sowjetunion zu verbessern. (▶ M27, M28)

Im Frühjahr 1932 erklärte Japan die besetzte Mandschurei zu einem unabhängigen Staat, Mandschukuo. Um den Schein der Unabhängigkeit zu unterstreichen, übernahm der letzte chinesische Kaiser zunächst die Regierung; 1934 wurde er schließlich sogar zum Kaiser von Mandschuko erhoben. (▶ M25)

International stieß dieses Vorgehen zwar auf Proteste, zu einem militärischen Eingreifen waren die Westmächte jedoch aus Sorge vor einem großen Krieg nicht bereit. Mandschukuo war ein japanischer Marionettenstaat, der die wirklichen Absichten Japans verschleiern sollte. Diese Vorwürfe waren berechtigt, da die japanische Regierung dort nicht nur durch den Auf- und Ausbau einer modernen Schwer- und Rüstungsindustrie in dem rohstoffreichen Land systematisch ihre kontinentale „Kriegsbasis" (Jürgen Osterhammel) erweiterte, sondern unverhohlen ihren Einfluss auf andere Gebiete Chinas – die Mongolei und Teile Nordchinas – zu erweitern suchte. 1937 löste eine Schießerei zwischen chinesischen und japanischen Truppen in der Nähe von Beijing einen offenen Krieg aus.

Dieser Krieg wurde mit unglaublicher Brutalität geführt. Bei einem japanischen Massaker in Nanjing, der zeitweiligen chinesischen Hauptstadt, wurden mindestens 200000 Menschen ermordet. Zwar beendeten die kriegerischen Auseinandersetzungen zwischen China und Japan den Bürgerkrieg zwischen der Guomindang und den Kommunisten, die japanische Herrschaft konnte der Widerstand der Chinesen jedoch nicht ernsthaft gefährden. Nach dem japanischen Angriff auf die Vereinigten Staaten und Großbritannien im Dezember 1941 verliefen die Frontlinien mitten durch China. Trotz erheblicher amerikanischer Militärhilfe waren die Armeen Chiang Kaischeks wenig erfolgreich. Auch die Guerilla-Strategie der kommunistischen Verbände konnte die japanischen Truppen kaum zurückdrängen. Sie banden allerdings erhebliche Kräfte, die an anderen Fronten

25 Puyi (1906–1967), der letzte Kaiser von China (1908–1912); Kaiser von Mandschuko 1934–1945

fehlten. So gering der militärische Beitrag für den Sieg über Japan daher war, so bedeutsam war er politisch: Auf Drängen der Vereinigten Staaten erhielt China einen ständigen Sitz im Weltsicherheitsrat der Vereinten Nationen, die zukünftige Kriege verhindern sollten. Auch die ungleichen Verträge, die die Grundlage für die Demütigung und Ausbeutung Chinas gewesen waren, wurden 1943, einhundert Jahre nach dem Vertrag von Nanjing, aufgehoben. Der Preis, den die chinesische Bevölkerung dafür zahlen musste, war jedoch enorm hoch: Zwischen 1937 und 1945 verloren vermutlich drei Millionen chinesische Soldaten und achtzehn Millionen Zivilisten ihr Leben. 95 Millionen wurden zu Flüchtlingen, 40 Prozent der Bevölkerung in den am schwersten betroffenen Gebieten Nord- und Mittelchinas verloren ihr Obdach.

26 Gräuel japanischer Truppen: Das Massaker von Nanjing am 13. Dezember 1937

27 Die 21 Forderungen Japans an China vom 18. Januar 1915
Zusammenfassung durch den Politologen Gottfried-Karl Kindermann:
Der Inhalt dieser Forderungen war in fünf große Gruppen gegliedert. Die erste Gruppe forderte von China im Voraus dessen Zustimmung zu jeder künftigen deutsch-japanischen Friedensregelung betreffs des deutschen Pacht-
5 gebietes und der deutschen Rechte in der chinesischen Provinz Shan-dong; weiterhin die Zusage Chinas, in dieser Provinz kein weiteres Gebiet an auswärtige Mächte zu verpachten, den Bau einer japanischen Eisenbahn zu dulden und wichtige Städte der Provinz für die Niederlassung
10 und den Handel von Ausländern zu öffnen. Der Inhalt der zweiten Gruppe forderte, dass China vereinbarungsgemäß die zwischen 1923 und 1931 ablaufenden Pachtfristen für die Liao-dong-Halbinsel und die Hauptlinien des Süd-

mandschurischen Eisenbahnnetzes ohne Gegenleistung auf 99 Jahre verlängern sollte, das es japanischen Untertanen 15 gestattet sein sollte, in den Gebieten der südlichen Mandschurei und inneren Mongolei Land zu erwerben, Handel zu treiben, Bergwerke und industrielle Unternehmungen zu gründen, und dass die chinesische Regierung ohne Zustimmung Japans kein Anleiheabkommen abschließen dürfte, 20 das in diesen Gebieten den Bau von Eisenbahnen zum Ziel habe oder die Steuer dieser Gebiete verpfände. Ebenso sollte die chinesische Regierung in diesem Raum ohne japanische Zustimmung keine ausländischen Berater für finanzielle, politische oder militärische Fragen beschäftigen dürfen. 25
Die dritte Gruppe der japanischen Forderungen bezog sich auf Chinas größte Eisen- und Stahlwerke [...] in Mittelchina. Diese Werke sollten zu einem japanisch-chinesischen Konzern werden, der ohne japanische Genehmigung keinerlei Rechte oder Eigentum veräußern dürfe und die Kon- 30 trolle über alle Montan-Unternehmen der umliegenden Gebiete ausüben müsse. In der vierten Gruppe wurde gefordert, China sollte sich verpflichten, keinen weiteren Hafen und keine weitere Insel an seiner Küste an eine fremde Macht abzutreten oder zu verpachten. Die Forderungen 35 der fünften und letzten Gruppe besagte schließlich, dass die chinesische Polizei in wichtigen Orten unter gemeinsame japanisch-chinesische Verwaltung zu stellen sei, dass China sich verpflichten solle, einen Teil seines Rüstungsbedarfs aus Japan zu beziehen, dass Japan die Rechte zum 40 Bau strategisch wichtiger Eisenbahnen im östlichen und südöstlichen Mittelchina erhalten solle und China sich verpflichten müsse, Japan zu konsultieren, bevor es in der Formosa gegenüberliegenden Küstenprovinz Fukien Eisenbahnlinien oder Hafenanlagen mit Hilfe fremden Ka- 45 pitals zu errichten beabsichtige. Der Wortlaut dieser dem chinesischen Präsidenten überreichten „Einundzwanzig Forderungen" war – offensichtlich nicht ohne tieferen Sinn – auf Papierbogen geschrieben, deren Wasserzeichen Schlachtschiffe und Maschinengewehre abbildeten! 50

Aus: Gottfried-Karl Kindermann: Der Ferne Osten in der Weltpolitik des industriellen Zeitalters. München 1970, S. 165 f. Zit. nach: Bernd Röcker: Der Aufstieg Japans zur Welt- und Wirtschaftsmacht. Stuttgart, 1984, S. 40.

28 Der Ferne Osten gehört uns – Auszug aus der sogenannten „Tanaka-Denkschrift"
Auch wenn dieses Memorandum fälschlicherweise dem japanischen Ministerpräsidenten und General Tanaka Giichi zugeschrieben wird, spiegelt es doch die Ziele und Denkweise vieler Vertreter einer offensiveren japanischen Chinapolitik wieder.
[...] Was man unter Mandschurei und Mongolei versteht, sind die Provinzen Fungtien (Mukden), Kirin, Helungkiang und die äußere und innere Mongolei. Das Land [...] ist begehrenswert nicht nur deshalb, weil eine dünne Bevölkerung in einem so großen Land wohnt, sondern weil 5 es auch sehr reich an Ackerbau, Erzlagern und Forsten ist. [...] Wenn der freie Zugang dorthin uns nicht möglich ist, so ist es klar, dass wir die Reichtümer der Mandschurei und Mongolei nicht in Besitz nehmen können. Sogar die Vorrechte in der Südmandschurei, die wir uns durch den rus- 10 sisch-japanischen Krieg erworben haben, sind durch den Vertrag der neun Mächte sehr beschränkt worden [...].
Die drei Ostprovinzen sind diejenige Gegend im Fernen Osten, deren Lage politisch ungeklärt ist. Um uns selbst zu schützen, können wir Japaner nur durch eine Politik 15 von „Blut und Eisen" die verwickelte Lage im Fernen Osten entwirren. [...] Wenn wir in Zukunft China kontrollie-

ren wollen, müssen wir zuerst den Einfluss der Vereinigten Staaten von Amerika ausrotten, so wie wir es früher
20 Russland gegenüber im russisch-japanischen Krieg gemacht haben. Um China zu erobern, müssen wir zuerst
die Mandschurei und Mongolei erobern. Wenn es gelun-
gen ist, China zu erobern, werden die zentral- und klein-
asiatischen Staaten, ferner Indien und die Südsee unsere
25 Macht fürchten, uns verehren und sich ergeben. Dann
wird die Welt sich damit abfinden, dass der Ferne Osten
uns gehört, und nie wagen, uns anzugreifen.
[...] Wenn wir die Vorrechte in der Mandschurei und Mongolei wirklich in der Hand haben, dann brauchen wir di-
30 ese als unseren Stützpunkt und dringen von dort unter
der Maske des Handels in die übrigen Teile Chinas ein.
Die Mandschurei und Mongolei sind gewissermaßen unser Kommandoturm, von dem aus wir den Reichtum ganz
Chinas an uns ziehen. [...] Obwohl die Macht Sowjetruss-
35 lands sich im Niedergang befindet, wollen die Russen mit
ihrer Konkurrenz in der Mandschurei und Mongolei dort
nicht einen Augenblick zurückbleiben; sie hemmen im-
merfort unsere Unternehmungen und wollen stets unsere
Südmandschurische Eisenbahn schädigen. Wir müssen uns
40 daher sehr vor ihren Fortschritten in Acht nehmen und die
Mukdenregierung [in der Mandschurei] als Keil benutzen,
um die Ausdehnung des russischen Einflusses nach Süden
zu verhindern. Als Erstes wollen wir unter dem Vorwand,
das Vordringen Sowjetrusslands nach Süden verhindern zu
45 wollen, mit Gewalt in die Nordmandschurei eindringen, um
den dortigen Reichtum an uns zu ziehen. Dann wären wir
imstande, sowohl im Norden die Ausbreitung des russischen
Einflusses nach Süden als auch im Süden die des chinesischen Einflusses nach Norden zu verhindern. Wir müssen
50 uns vor Augen halten, dass Amerika nach dem Weltkrieg in
geheimem Einverständnis mit England steht und bei jeder
Bewegung uns hindern will, gegen China vorzugehen. Aber
wenn wir an die Selbständigkeit unseres Landes denken, so
wird uns nichts anderes übrigbleiben, als den Krieg gegen
55 Amerika zu führen, um China und die ganze Welt zu war-
nen. Überdies ist die amerikanische Flotte bei den Philippi-
nen nur einen Steinwurf weit von unserer Tsushima- und
Kurilenstraße entfernt. Wenn die feindlichen U-Boote in
diesen Meerengen kreuzen, so ist es bestimmt nicht mög-
60 lich, Rohstoffe und Nahrungsmittel aus der Mandschurei
und der Mongolei an uns zu liefern. [...]
Wenn Eisen und Petroleum in der Mandschurei uns in die
Hände fallen, werden unsere Armee und Marine eine un-
bezwingliche Verteidigungsmauer bilden können.

Aus: Elmar Krautkrämer (Hg.): Internationale Politik im 20. Jahrhun-
dert. Dokumente und Materialien, I. Frankfurt 1976, S. 55 ff. Zit. nach:
Bernd Röcker: Der Aufstieg Japans zur Welt- und Wirtschaftsmacht.
Stuttgart, 1984, S. 53–55.

29 Japans Friedensbedingungen für China, 22. Dezember 1938

1. Bildung eines Blocks Japan-China-Mandschukuo zur Errichtung der Neuen Ordnung, Bekämpfung des Kommunismus und wirtschaftlichen Zusammenarbeit.
2. Anerkennung Mandschukuos.
5 3. Antikomintern-Pakt zwischen Japan und China.
4. Japanische Garnisonen an besonderen Plätzen in China.
5. Errichtung der Inneren Mongolei als besondere anti-
kommunistische Zone.
6. Freiheit der Niederlassung und des Handelns für japa-
10 nische Staatsbürger im Inneren Chinas.

7. Gelegenheiten und Erleichterungen für Japan zur Entwicklung der Naturschätze Chinas, besonders in Nordchina und in der Inneren Mongolei.

Aus: L. Abegg: Chinas Erneuerung. Frankfurt/M. 1940, S. 400 f. Zit.
nach: Wolfgang Bauer: China – vom Kaiserstaat zum Kommunismus.
Stuttgart, o. J., S. 38.

30 Als Nation einen neuen Anfang versuchen – das Bündnis der GMD mit der KPC.
Aus einer Erklärung Chiang Kaischeks vom 24. September 1937:

Unglücklicherweise haben während der letzten zehn Jahre
nicht alle unserer Landsleute ein festes und unerschütter-
liches Vertrauen in die „Drei Volksprinzipien" (Sun Yatsens)
gehabt und auch nicht in vollem Maße die Größe der Gefahr erkannt, die unserem Lande drohte. Das Ergebnis davon 5
waren Mühsal und Kummer, die große Teile unseres Volkes
zu tragen hatten, und wachsende Demütigungen von Seiten des Auslandes. Heute aber sehen die Chinesen ein, dass
sie entweder zusammen leben oder zusammen untergehen
müssen und dass die Interessen der Nation Vorrang haben 10
gegenüber denen des Einzelnen oder der Gruppe. Das von
der KPC kürzlich herausgegebene Manifest ist ein hervor-
ragendes Beispiel für den Triumph des Nationalgefühls über
jede anderweitige Überlegung. Die verschiedenen Beschlüs-
se in dem Manifest, wie etwa Abkehr von Gewaltpolitik, 15
Einstellung der kommunistischen Propaganda, Auflösung
der „Roten Armee" sind alles wesentliche Bedingungen für
die Mobilisierung der nationalen Widerstandskraft. [...] In
dieser Zeit nationaler Gefahr sollten wir nicht mehr über
die Vergangenheit streiten, sondern versuchen, als eine Na- 20
tion einen neuen Anfang zu versuchen. Die KPC hat, als sie
ihre Vorurteile aufgab, klar erkannt, wie lebensnotwendig
die staatliche Unabhängigkeit für unser Land ist. Ich hoffe
aufrichtig, dass alle Mitglieder der KPC zuversichtlich und
einigen Sinnes die verschiedenen Entschließungen [des Ma- 25
nifestes] ausführen und unter der vereinigten militärischen
Führung ihren Dienst am Staate ableisten, Schulter an
Schulter kämpfend mit der übrigen Nation für eine erfolgreiche Vollendung der Nationalen Revolution.

Aus: Chiang Kaischek: The Collected Wartime Messages, of Genera-
lissimo Chiang Kaischek. New York 1946, S. 41 f. Zit. nach: Wolfgang
Bauer: China – vom Kaiserstaat zum Kommunismus. Stuttgart, o. J.,
S. 39 f.

31 Ablehnung von Japans „Neuer Ordnung in Ostasien" – aus einer Rede Chiang Kaischeks, 26. Dezember 1938

Angesichts unseres vereinigten Widerstandswillens versucht es unser Feind neben seinen militärischen Operati-
onen gegen uns mit allerlei Arten von Einschüchterung
und Täuschung. [...] An erster Stelle steht dabei die sogenannte „Schaffung einer neuen Ordnung in Ostasien". 5
[...] Was aber ist dabei das eigentliche Ziel Japans? Unter
der Vorgabe, die „Rote Gefahr" bekämpfen zu wollen, versucht es, Chinas Militärwesen unter Kontrolle zu bringen.
Mit der Behauptung, die östliche Zivilisation aufrechtzuerhalten, versucht es, Chinas eigenständige Kultur auszu- 10
merzen. Indem es geltend macht, Wirtschaftsschranken
beseitigen zu wollen, versucht es, den europäischen und
amerikanischen Einfluss auszuschalten und den Pacific
zu beherrschen. Und unter dem Schlagwort „Wirtschafts-
block Japan-Mandschukuo-China" will es Chinas Wirt- 15
schaft knebeln. [...] Dieser Krieg ist, was Japan angeht, Ge-

4

walttat und Räuberei, das Ergebnis eines Zusammenbruchs aller Moral und Kultur in jenem Land. Was China angeht, so hat es wagemutig die Verantwortung der ganzen Welt auf seine Schulter genommen, für die Gerechtigkeit zu kämpfen. [...] Ein chinesisches Sprichwort sagt: „Die Tugend steht nie allein, sie findet immer Unterstützung." Die Macht der Welt-Gerechtigkeit wird sich erheben, und Menschen guten Willens werden letztlich ihre Kräfte vereinigen!

Aus: Chiang Kaischek: The Collected Wartime Messages, of Generalissimo Chiang Kaischek, a.a.O., S. 40.

32 Aus der öffentlichen Erklärung der KPC über die Zusammenarbeit mit der GMD, 22. Januar 1937

Geliebte Genossen! Das Zentralkomitee der KPC verkündet ehrfurchtsvoll und ergebenst allen Vätern, Brüdern, Tanten und Schwestern im ganzen Lande das folgende Manifest: Im jetzigen kritischen Augenblick, während das Land von schwerer Gefahr bedroht und das Schicksal der Nation in der Schwebe ist, sind wir mit der chinesischen GMD auf der Basis des Friedens, der nationalen Einheit und des gemeinsamen Widerstandes gegen Angriffe von Außen zu einer Verständigung gelangt, um das Vaterland vor der Vernichtung zu retten. [...] Deshalb verkündet es hiermit noch einmal feierlich dem ganzen Land:
1. Die von Sun Yatsen aufgestellten San-min dschu-i [Die Drei Grundlehren vom Volke] sind heute von überragender Bedeutung für China. Unsere Partei ist bereit, sich für ihre restlose Verwirklichung einzusetzen.
2. [Unsere Partei] verzichtet darauf, die GMD gewaltsam zu stürzen, gibt ihre Rätebewegung auf und stellt die zwangsmäßige Enteignung des Landbesitzes der Gutsherren ein.
3. [Unsere Partei] hebt die jetzige Räteregierung auf und führt die auf den Grundlehren vom Volke beruhende Demokratie ein, um zur Vereinheitlichung des politischen Regierungssystems in China beizutragen.
4. [Unsere Partei] schafft den Namen der Roten Armee ab, reorganisiert sie als Nationale Revolutionsarmee, unterstellt sie der Kommission für militärische Angelegenheiten bei der Nationalregierung, d.h. der GMD, und erwartet die Mobilmachungsorder, um an der Front die Verantwortung für den Widerstand gegen den japanischen Angriff zu übernehmen. [...] Es lebe der siegreiche Kampf gegen Japan! Es lebe das unabhängige, freie und glückliche neue China!

Aus: Aus: Brandt/Schwarz-Fairbank: Der Kommunismus in China. München 1955, S.178–180. Zit. nach: Wolfgang Bauer: China – vom Kaiserstaat zum Kommunismus. Stuttgart, o.J., S. 40f.

33 Der „Lange Marsch" – ein Propagandafeldzug?

a) Mao Zedong, 1935:

Der Lange Marsch ist ein Feldzug, wie ihn die Geschichte noch nicht gekannt hat. Der Lange Marsch ist ein Manifest, ein Propagandatrupp, eine Sämaschine. Kennt die Geschichte, seit Pan Ku den Himmel von der Erde getrennt und somit die Welt geschaffen hat, seit die Drei Souveräne und die Fünf Kaiser regierten, einen Feldzug, der unserem Langen Marsch gliche? Zwölf Monate lang wurden wir einerseits aus der Luft tagtäglich von Dutzenden Flugzeugen aufgespürt und mit Bomben belegt, und andererseits auf dem Boden von einer starken Armee mit einigen hunderttausend Mann eingekreist, verfolgt, aufgehalten oder abgeriegelt, und wir stießen unterwegs auf unzählige Schwie-

rigkeiten und Gefahren; wir haben uns aber auf die Beine gemacht und mehr als 20 000 Li [l Li = ca. 650 m] zurückgelegt, sind kreuz und quer durch elf Provinzen gezogen. Sagt nur: Hat es in der Geschichte derartige Feldzüge wie unseren Langen Marsch schon gegeben? Nein, niemals. Der Lange Marsch ist ein Manifest, das der ganzen Welt verkündet hat, dass die Rote Armee aus Helden besteht, während die Imperialisten und ihre Lakaien – nämlich Chiang Kaischek und seinesgleichen – zu nichts taugen. [...] Der Lange Marsch ist auch ein Propagandatrupp, der die rund 200 Millionen zählende Bevölkerung in den elf Provinzen darüber aufgeklärt hat, dass nur der Weg der Roten Armee der Weg zu ihrer Befreiung ist. Woher – wenn nicht durch den Langen Marsch – sollten die breiten Volksmassen so rasch erfahren, dass es auf der Welt eine so große Wahrheit gibt, wie sie in der Roten Armee verkörpert ist? Der Lange Marsch ist auch eine Sämaschine, die über die elf Provinzen unzählige Samen ausgestreut hat, die aufgehen, grünen, blühen, Frucht ansetzen und in Zukunft die Ernte bringen werden. Kurz gesagt, der Lange Marsch endete mit unserem, Sieg und mit der Niederlage des Feindes.

Aus: Mao Zedong: Über die Taktik im Kampf gegen den japanischen Imperialismus (1935). Zit. nach: Claude Hudelot: Der Lange Marsch. Frankfurt am Main 1972, S.341.

b) Der amerikanische Journalist Edgar Snow, 1937:

Wenn auch der Marsch der Roten Armee in den Nordwesten zweifellos ein strategischer Rückzug war, der ihr durch entscheidende regionale Niederlagen aufgezwungen worden war, erreichte die Armee schließlich, im Kern unverletzt, ihr Ziel, und ihre Moral und ihr politischer Wille waren offensichtlich so stark wie je. [...] Die Geschichte hat später gezeigt, dass sie mit Recht das betonten, was zweifellos die zweite wichtige Ursache für ihre Wanderung war: in ein Gebiet vorzurücken, das, wie sie richtig voraussahen, eine entscheidende Rolle im Schicksal Chinas, Japans und der Sowjetunion spielen sollte. Dieses geschickte propagandistische Manöver muss als ein Stück glänzender politischer Strategie angesehen werden. Es war in großem Maß verantwortlich für den erfolgreichen Abschluss des heroischen Zuges. In gewisser Weise war die Massenwanderung die größte bewaffnete Propagandatour der Geschichte. Die Roten durchquerten drei Provinzen, die von über 200 Millionen Menschen bewohnt wurden. Zwischen Schlachten und Scharmützeln und in jeder besetzten Stadt beriefen sie Massenversammlungen ein, gaben Theatervorstellungen, gesteuerten' die Reichen, befreiten viele „Sklaven" (von denen manche sich der Roten Armee anschlössen), predigten „Freiheit, Gleichheit, Demokratie", beschlagnahmten das Eigentum der „Verräter" (der Beamten, Großgrundbesitzer und Steuereinnehmer) und verteilten ihren Reichtum unter die Armen. Millionen Armer hatten jetzt die Rote Armee gesehen und sprechen hören und fürchteten sie nicht länger. Die Roten erklärten die Ziele der Agrarrevolution und ihre antijapanische Politik. Sie bewaffneten Tausende von Bauern und ließen Kader zurück, um die Roten Partisanen auszubilden, die Nankings Truppen in Atem hielten. Viele Tausende hielten auf dem langen und zermürbenden Marsch nicht durch; aber Tausende von anderen – Bauern, Lehrlinge, Sklaven, Deserteure aus den Guomindang-Reihen, Arbeiter, alle die Entrechteten – schlössen sich an und füllten die Reihen.

Zit. nach: Edgar Snow: Roter Stern über China (1937). Frankfurt a.M. 1970, S.268f.

34 Zwei amerikanische Journalisten berichten

a) über das Guomindang-Heer:

Während des Ersten Weltkrieges sandten die Deutschen General Ludendorff zum Besuch des österreichischen Oberkommandos. Sein lakonischer Bericht darüber ging in die Geschichte ein: „Wir sind mit einem Leichnam ver-
5 bündet." Innerhalb weniger Wochen nach Pearl Harbour kam die amerikanische Armee in Asien fast zu dem gleichen Schluss über ihren chinesischen Verbündeten. [...] Niemand bezweifelte den Mut des chinesischen Soldaten, aber die Armee besaß keine Beweglichkeit, keine Kraft,
10 keine Führung. 1938, als die ersten japanischen Angriffsfeldzüge beendet waren, zählte die chinesische Armee 4 000 000 Mann. In den nächsten sechs Jahren zog die chinesische Regierung jährlich anderthalb Millionen Mann zum Heeresdienst ein; bis 1944 hätte das Heer mindestens
15 12 000 000 Mann in seinen Listen haben müssen. Aber es waren immer noch bloße 4 000 000, und auch diese konnten bloß höflichkeitshalber als „kampffähig" bezeichnet werden. Was war aus den übrigen 8 000 000 Mann geworden? Niemand wusste das sicher. Durch den Tod auf dem
20 Schlachtfeld und sonstige Verluste waren vielleicht eine Million Menschenleben verloren gegangen. Die übrigen 7 000 000 waren einfach verschwunden. Sie fehlten, weil sie an Krankheiten oder Hunger gestorben, einzeln in ihre Heimat desertiert oder in Massen zum Feind übergegangen
25 waren. Die chinesische Armee bestand aus Dienstpflichtigen, die auf die einfachste und kaltblütigste Art ausgehoben wurden. [...] In manchen Gegenden ging es dabei verhältnismäßig anständig zu, aber im Ganzen war das System unbeschreiblich korrupt. Keiner, der Geld hatte, brauchte
30 zu kämpfen; die örtlichen Beamten verkauften mit großem Gewinn und zu bekannten Standardpreisen Befreiungen an die Wohlhabenden. [...] Die Einziehung zum Heeresdienst war gewöhnlich ein Todesurteil – mehr Männer starben auf dem Weg zum Heer, durch den Aushebungs-
35 vorgang, durch die barbarischen Ausbildungslager und die langen Märsche, als später während der Dienstzeit. Ein Soldat aber, der die Ausbildungszeit überlebte, war kaum besser daran, als der soeben eingezogene Rekrut, denn das chinesische Heer verhungerte im Feld. [...] Dass dieses
40 Heer sechs Jahre lang die Front gegen Japan hielt, ist unter vielem Merkwürdigen das Merkwürdigste an ihm. Es wäre zu viel gewesen, wirkliche Siege in offener Feldschlacht zu erwarten. Der größte Sieg des Heeres war der, dass es am Leben blieb und dem zersetzenden Druck seiner eigenen
45 Regierung und Gesellschaft widerstand. Viele vermochten diesem Druck nicht zu widerstehen; Hunderttausende liefen zu den Japanern über und gesellten sich zu der Marionettenregierung von Wang Djing-we; Tausende anderer schlossen sich den Kommunisten an oder ergaben sich ih-
50 nen. Die Brutalität und das Elend, die in der chinesischen Armee herrschten, entwürdigten nicht nur die Offiziere, sondern demoralisierten auch den einfachen Soldaten. Er wurde wie ein Hund behandelt, hungerte nach Nahrung und suchte seine innere Unzufriedenheit dadurch zu be-
55 sänftigen, dass er den beraubte, der noch schwächer war als er selbst – den Bauern.

Aus: T. H. White / A. Jacoby: Donner aus China. o. O. 1949, S. 158–171. Zit. nach: Wolfgang Bauer: China – vom Kaiserstaat zum Kommunismus. Stuttgart, o. J., S. 45–47.

b) über die Hungersnot in Henan, 1943:

Diese Menschen hatte der Kummer und die Kälte zu lautloser Stille erstarren lassen. Mechanisch setzten sie einen Fuß vor den anderen und trotteten wie Tiere dahin in die Ferne. So mögen in längst vergangenen Zeiten primitive
5 Völker aus den kalten und mageren Gegenden ausgewandert sein in Länder, in denen es Wärme und Nahrung gab. Die Menschengrüppchen glichen einander wie ein durchlaufendes Muster. [...] Kleine Lumpenbündel am Straßenrand bezeichneten die Stellen, wo die Schwachen zusam-
10 mengebrochen waren; zuweilen standen einige Mitglieder einer Familie in schweigender Ratlosigkeit da und starrten auf einen Leichnam. Kinder stützten sich auf Stöcke wie alte Männer; manche schleppten Bündel, die ebenso groß waren wie sie selbst, andere waren wie Schlafwandler, de-
15 ren blicklose Augen vor Leid tausend Jahre alt zu sein schienen. In ihrem Rücken blies aus dem Land der Hungersnot ein kalter Wind und wirbelte den Staub hinter ihnen her, der sie über die gelbe Ebene jagte. [...] Die kleineren Dörfer (im Hungersgebiet) waren noch schlimmer daran als die
20 Marktflecken. Die Stille war beängstigend. Die Menschen flohen vor der unpersönlichen Grausamkeit des Hungers, als würden sie von einem Barbarenheer gejagt. In den Dörfern war der Widerhall leerer Räume, die Straßen verödet. [...] Auf der Straße lagen Tote. Ein schlankes, hübsches
25 Mädchen, das nicht älter sein konnte als 17, lag auf der feuchten Erde; ihre toten Lippen waren blau, ihre Augen offen, und der Regen fiel darauf. Die Leute schälten die Rinde von den Bäumen und zerstampften sie am Straßenrand, um sie zu essen. Händler verkauften Blätter zu einem
30 Dollar den Bund. [...] Dummheit und Erfolglosigkeit kennzeichneten die Hilfsaktionen. Aber die grauenvolle Tragödie wurde durch die Handlungsweise der örtlichen Behörden noch schlimmer gemacht. Als wir die Bauern sahen, waren sie am Sterben. Sie starben auf den Straßen,
35 in den Bergen, auf den Bahnhöfen, in ihren Lehmhütten, auf den Feldern. Und während sie starben, fuhr die Regie-

35 Kommunistische Guerilla im Kampf gegen japanische Truppen, 1937

rung fort, das letzte Gramm an Steuerabgaben aus ihnen herauszupressen. [...] In einem Bezirk nach dem anderen verlangte die Regierung von den Bauern eine höhere Ab-
40 gabe an Getreide, als sie von ihren Feldern geerntet hatten. Keine Entschuldigung wurde angenommen. Bauern, die selbst von Ulmenrinde und getrockneten Blättern lebten, mussten ihren letzten Sack Saatgetreide in das Büro des Steuereinnehmers schleppen. Eine der düstersten Seiten
45 der Angelegenheit war die fieberhafte Bodenspekulation. Kaufleute [...], kleine Regierungsbeamte, Armeeoffiziere und reiche Grundbesitzer, die noch Getreide hatten, waren dabei, dem Bauern seinen ererbten Grund und Boden zu verbrecherisch niedrigen Preisen abzukaufen. [...] Von den
50 30 Millionen Einwohnern von Henan waren wahrscheinlich zwei bis drei Millionen aus der Provinz geflohen und weitere zwei oder drei Millionen dem Hunger und Krankheiten erlegen. Es war das größte Unglück des Krieges in China, eine der größten Hungerkatastrophen der Welt.
55 Bitteren Herzens kehrten wir nach Chongqing zurück. Der heitere Gleichmut der Hauptstadt war ungetrübt; offiziell waren die Steuern erlassen worden, trotz der gegenteiligen Bezeugungen der Bauern. Die Leichname waren Lügen; die Hunde, die Kadaver aus dem Lößboden ausgruben, waren
60 Erfindungen unserer Phantasie. Wir aber wussten, dass in den Herzen der Bauern von Henan eine Wut lebte, die kalt und unerbittlich war wie der Tod, und dass ihre Loyalität durch die Erpressung ihrer Regierung ausgehöhlt war.

Aus: T. H. White / A. Jacoby: Donner aus China, a. a. O., S. 47–50.

c) über das Verhalten der Kommunisten in Ya'nan:
Man kam aus der Luft nach Ya'nan hinunter über das Dach von Nordchina, nachdem man endlose Meilen von stumpfen Lösshügeln überflogen hatte. Aus der Luft sah die Stadt aus wie ein Lagerplatz von Räubern, der in einer unzugänglichen Bergfeste verborgen ist. Ya'nan war eine
5 Stadt, die einen verwirrte. Eine Unterschicht von 30000 ihrer Einwohner bestand aus Eingeborenen; ihre Vorfahren hatten seit urvordenklichen Zeiten hier gelebt. Aber hier war noch etwas anderes, etwas, das überhaupt nicht zu China gehörte: Die Menschen waren kräftiger, gesün-
10 der, und das Zahlenverhältnis der Jungen zu den Alten war auffallend. [...] Die Führer der KPC waren eine höchst interessante Gesellschaft. Ihr hervorstechendster Charakterzug war ihr Gefühl für Einheit. Sie kämpften schon 20 Jahre lang gemeinsam, zuerst gegen die GMD und dann gegen
15 die Japaner. [...] Die Führer stellten eine Elite dar. Sie waren eingebildet, manche von ihnen sogar arrogant. Sie wurden nicht durch die Last der Politik und Verwaltung niedergebeugt, die die sorgenvollen Beamten von Chongqing plagte. [...] Sie zeigten in Ihrer Lebenshaltung wenig von
20 dem Prunk der höchsten Beamten in Chongqing, obwohl sie saubere Wohnungen und besseres Essen hatten als die breite Masse. [...] Diese erdhaften, einfachen Männer sahen nicht wie eine furchtbare Bedrohung Chongqings oder der Weltsicherheit aus. Wenn man aber ihre Denk-
25 weise näher untersuchte und ihren Gesprächen zuhörte, fand man einen eigensinnigen, durch nichts zu erschütternden Realismus. Das erste, was einem auffiel, war ihre Kenntnis Chinas. Sie kannten ihr eigenes Land von Grund auf und verstanden das Leben der Dörfer. Sie waren Inge-
30 nieure der sozialen Beziehungen. [...] Sie waren von der absoluten Richtigkeit ihres Weges so völlig überzeugt, dass es ihnen schwer fiel, an den Beamten oder Soldaten von Chongqing irgendwelche Fähigkeiten anzuerkennen. Sie glühten vor Selbstvertrauen; in ihrer Redeweise war immer

35 eine kleine Spur von Selbstbeweihräucherung. Manchmal erinnerte einen die Atmosphäre an die Sommerlager religiöser Gruppen, wo die Teilnehmer herumgehen und sich vor herzhafter frommer Kameradschaftlichkeit gegenseitig auf den Rücken klopfen. [...] Yenan war ein riesiges Labo-
40 ratorium, zu dem Studenten und Enthusiasten ihre besten Ideen brachten; in den Berghöhlen schmiedete die Partei aus diesen Ideen die nationale Politik, formte die Begabten zu fähigen Organisatoren und pumpte dann Ideen und ausführende Organe zurück ins Aktionsfeld.

Aus: T. H. White / A. Jacoby: Donner aus China, a. a. O., S. 51.

d) über den Guerillakrieg gegen Japan:
Neunzig Prozent des riesigen unter kommunistischer Herrschaft stehenden Gebietes waren auf den Karten als von den Japanern besetztes Land eingetragen. [...] Im Laufe von sechs Jahren hatten die Kommunisten von ihren kahlen Hügeln bei Ya'nan aus eine Kette von Stützpunk-
5 ten errichtet, die sich in einem Bogen von der Mandschurei bis zum Tal des Yangtse hinzog. Das Werk wurde von Männern vollbracht, die die Geschichte wie ein Werkzeug behandelten und die Bauern wie Rohmaterial; sie griffen hinab in das Dunkel jedes Dorfes und lockten mit ihrem
10 Willen und ihren Schlagworten Kraftquellen daraus hervor, von deren Vorhandensein weder die GMD noch die Japaner etwas ahnten. [...] Sie bauten ein einzigartiges System primitiver Verteidigung auf. 1942 fingen sie an, sich mit Minen zu befassen; zwei Jahre später hatten die
15 Bauern den Minenkrieg fast zu einem allgemeinen Nationalsport erhoben. Die Bauern wurden angewiesen, alte Tempelglocken und anderes Altmetall in die örtlichen Ordonanzdepots zu bringen, dort erhielten sie das entsprechende Gewicht an leeren Minenhülsen, die sie dann mit
20 Schwarzpulver füllten. Wenn es an Metall fehlte, machten sie Minen aus Porzellan, Holzklötzen oder Felsbrocken. [...] Auf manchen Hügeln richtete man lange Stangen auf, an deren Spitze Büschel befestigt waren, so dass sie aus der Entfernung wie Besen aussahen. Wenn die Hügelwachen
25 Japaner auf dem Marsch erblickten, stießen sie die Stangen um, und die Bauern in der Ebene wussten, dass der Feind unterwegs war. [...] Die Bauern begannen Stollen unter den einzelnen Dörfern zu graben, bald war ein Dorf mit dem anderen verbunden. Gegen Ende des Krieges bildeten
30 diese verzweigten und gewundenen Räume unter der Erde ein sich meilenweit erstreckendes Labyrinth, das nur den Eingeborenen bekannt war. [...] In Zeiten stärkster japanischer Aktivität kämpften etwa 40 Prozent aller Japaner in China gegen kommunistische Truppen. [...] Das alte
35 dörfliche System und sein Beamtentum aber begannen unter dem Anprall der dynamischen revolutionären Überzeugungen der Kommunisten abzubröckeln. Denn die Kommunisten predigten nicht nur den Krieg gegen Japan, sondern den Krieg gegen die ganze Vergangenheit. [...]
40 Im Frühjahr 1944 begannen die Verhandlungen zwischen der Zentralregierung und den Kommunisten von neuem. Diesmal erschienen die Kommunisten in Chongqing nicht als Bettler. Die Regierung hatte gedemütigte, respektvolle Männer erwartet und war erstaunt über das, was die Kom-
45 munisten als passende Verhandlungsbasis vorschlugen. „Sie scheinen zu vergessen", beklagte sich ein Sprecher der Regierung, „dass ja schließlich wir die Regierung sind."

Aus: T. H. White / A. Jacoby: Donner aus China, a. a. O., S. 58.

4

36 **„Der Lange Marsch" von 1934**, Propagandagemälde

4.3   Erneuter Bürgerkrieg und Sieg der Kommunisten

Der Sieg der Alliierten über Japan 1945 beseitigte schließlich die äußere Bedrohung, die das Schicksal Chinas nahezu ein Jahrhundert lang beeinflusst hatte. Der Bürgerkrieg zwischen der Guomindang und den Kommunisten, der das Land in den 1920er- und 1930er-Jahren zerrissen hatte und der auch während des Zweiten Weltkrieges an einigen Stellen wieder aufgeflammt war, brach jedoch nach kurzer Zeit wieder auf. Im Gegensatz zu der Zeit vor 1937 befand sich die kommunistische Bewegung, deren Existenz durch den Krieg mit Japan letztlich gerettet worden war, in einer erheblich besseren Ausgangsposition. Deren unangefochtener Führer war inzwischen Mao Zedong. Mit seinen Überlegungen zum Partisanenkrieg, zur Schaffung einer breiten Anhängerschaft für die Partei unter Bedingungen einer „Neuen Demokratie" sowie die Ausarbeitung des Organisationsprinzips der „Massenlinie" hatte er die kommunistischen Lehren pragmatisch den chinesischen Verhältnissen angepasst und zugleich die Grundlage für den späteren Sieg geschaffen. Aus einer Splittergruppe, die 1935 kaum mehr als 60000 Anhänger gehabt hatte, war eine schlagkräftige Organisation mit ca. 2,7 Millionen Mitgliedern geworden. In den von ihr beherrschten Gebieten lebten mehr als 100 Millionen Menschen, und die Rote Armee bestand aus mehr als einer Million kampferprobter Soldaten. (▶ M37–M44)

Während die Vereinigten Staaten Chiang Kaischek offen unterstützten, siegten schließlich die Kommunisten, die ihrerseits, wenn auch zögerlich, von der Sowjetunion Hilfe erhielten. Der Sieg der Kommunisten über die Nationalregierung 1949 beendete schließlich auch den Bürgerkrieg, der das Land seit der Jahrhundertwende zerrissen hatte. Die Zahl der Opfer äußerer Aggression und innerer Zerrissenheit zwischen 1900 und 1949 wird auf 42 Millionen geschätzt.

Die Machtübernahme der Kommunisten 1949 war daher eine Wende in der Geschichte Chinas. Der Einfluss des Auslandes wurde endgültig zurückgedrängt; China zog sich in eine selbstgewählte weitgehende Isolation zurück. Unter Führung von Mao Zedong, dessen Rolle alsbald jenseits der historischen Realität zu Lasten einstiger wichtiger Mitstreiter wie Zhou Enlai, Deng Xiaoping oder Liu Shaoqui verklärt wurde (▶ M45/46), begann die Kommunistische Partei zugleich, Landwirtschaft und Industrie, Bürokratie, Armee und das Erziehungswesen nach sowjetischem Vorbild umzugestalten. Dieser Prozess der Erneuerung verbesserte zwar allmählich die Lage der großen Mehrheit der Bevölkerung, forderte aber auch große Opfer. Anhänger des alten Regimes wurden ebenso brutal unterdrückt wie nationale Minderheiten in Randgebieten wie das 1950 besetzte Tibet. Schätzungen zufolge sollen zwischen 1949 und 1987 weitere 35 Millionen Menschen Opfer politischer Gewalt geworden sein.

4

中國人民解放軍東北野戰軍
政治部宣傳隊

毛主席

37 **Siegesparade der kommunistischen Truppen durch das eroberte Beijing, Juni 1949**
Im Hintergrund mitgeführtes Bild Mao Zedongs

38 **Mao Zedongs Forderungen an die GMD, 1945**
In dem heiligen und gerechten Krieg gegen die faschistischen Angreifer ist ein entscheidender Sieg in der Welt errungen worden; für das chinesische Volk wird bald die Zeit gekommen sein, im gemeinsamen Kampf mit unseren
5 Verbündeten die japanischen Eindringlinge zu besiegen, aber noch ist unser von den japanischen Angreifern hart bedrängtes Land nicht geeint und befindet sich immer noch in einer schweren Krisis. [...] Wenn wir auf unsere gesammelten Erfahrungen zurückblicken, so erkennen
10 wir deutlich, dass in China zwei verschiedene Richtungen herrschen: Die eine hilft uns, die japanischen Angreifer zu besiegen, während die andere, die außerstande ist, sie abzuwehren, sie in mancher Beziehung geradezu unterstützt. Die Folge der passiven Haltung der GMD-Regierung
15 gegenüber dem Krieg mit Japan und ihrer reaktionären Politik der Unterdrückung des Volkes waren: militärische Niederlagen, der Verlust großer Gebietsstrecken, Unterminierung der nationalen Einigkeit. [...] Bis jetzt hat die oberste Führerclique der GMD an ihrer reaktionären Politik der Diktatur und des Bürgerkrieges festgehalten. Viele 20 Anzeichen deuten darauf hin, dass sie sich zu einem Bürgerkrieg gerüstet hat. [...] Viele Verhandlungen wurden zwischen uns und der GMD-Regierung gepflogen. Alle unsere Vorschläge wurden jedoch von der GMD-Regierung zurückgewiesen. 25
Was also schlagen wir vor? Nachdem die japanischen Angreifer vernichtet sind, wollen wir ein Regierungssystem einführen, das sich auf die überwältigende Mehrheit des chinesischen Volkes, auf die Einheitsfront und auf die Koalition eines demokratischen Bündnisses [der Parteien 30 und Gruppen] stützen kann. Das nennen wir das Neue Demokratische Regierungssystem. [...]
Das chinesische Volk verlangt: die Abschaffung der Einparteiendiktatur der GMD, [...] die Abschaffung der reaktionären Geheimpolizei und aller zur Unterdrückung 35 des Volks dienenden Betätigungen sowie der Konzentrationslager; die Aufhebung der reaktionären Gesetze und

Verordnungen, welche die Redefreiheit des Volkes, seine
Presse-, Versammlungs- und Vereinsfreiheit, seine Gedan-
40 ken- und Glaubensfreiheit und die Freiheit der Person un-
terdrücken; die Zuerkennung des legalen Status für alle demokratischen Parteien und Gruppen; die Entlassung aller
patriotischen politischen Gefangenen, [...] Agrarreformen,
Herabsetzung von Pacht und Kapitalzins, angemessenen
45 Schutz der Rechte der Pächter, niedrig verzinste Anleihen
für die armen Bauern und die Organisierung der Bauern
zur Hebung der landwirtschaftlichen Produktion; das Verbot des bürokratischen Kapitalismus; die Abschaffung des
jetzigen Systems der Zwangswirtschaft, die Beendigung
50 der schrankenlosen Inflation; Hilfe für die kleinen Unternehmer durch Gewährung von Darlehen; die Besserung
der Lebensbedingungen der Arbeiter, Arbeitslosenunter-
stützung und die Organisierung der Arbeiter zum Zwecke
der Hebung der Industrieproduktion; die Abschaffung ei-
55 ner unter Parteieinfluss stehenden Erziehung und die Förderung einer nationalen, wissenschaftlichen, volksnahen
Kultur und Erziehung; die Sicherung des Lebensstandards
der Lehrer und der akademischen Freiheit; den Schutz der
Jugend-, Frauen- und Kinderinteressen, die Organisierung
60 der Jugend und der Frauen für die Kriegs- und Sozialarbeit,
die Freiheit der Ehe, Gleichstellung der Geschlechter, Erziehung für Kinder und Jugendliche; bessere Behandlung
der nationalen Minderheiten in China, denen das Recht
der Selbstverwaltung sowie des freiwilligen Anschlusses an
65 das Han- (chinesische) Volk zustehen soll. [...]
Wir müssen uns mit jedem verbünden, der für die Nieder-
werfung der japanischen Angreifer und den Aufbau eines
neuen Chinas eintritt, ohne Rücksicht auf seine Klasse,
seine politische oder soziale Zugehörigkeit oder seine per-
70 sönliche Herkunft.

Aus: Brandt/Schwarz-Fairbank: Der Kommunismus in China. München
1955, S. 223–246. Zit. nach: Wolfgang Bauer: China – vom Kaiserstaat
zum Kommunismus. Stuttgart, o. J., S. 59 f.

39 Das letzte Friedensangebot der KPC – die acht Forderungen Mao Zedongs in dem Friedensangebot an die
GMD, 14. Januar 1949
1) Bestrafung der Kriegsverbrecher,
2) Aufhebung der Scheinverfassung [die von einer Nationalversammlung in Nanjing Weihnachten 1946 ohne Beteiligung der KPC angenommen worden war],
5 3) Abschaffung der angemaßten Legitimität der (GMD-)
Gewalt [das soll bedeuten, dass die GMD nicht mehr als
ein legitimer Träger politischer Macht angesehen werden
darf],
4) Reform aller reaktionären Armeen nach demokra-
10 tischen Grundsätzen,
5) Konfiskation des bürokratischen Kapitals,
6) Reform des Agrarsystems,
7) Abschaffung aller landesverräterischen Verträge,
8) Einberufung einer beratenden politischen Konferenz
15 unter Ausschluss der reaktionären Elemente, Errichtung
einer demokratischen Koalitionsregierung, Übernahme
der gesamten Macht der reaktionären GMD-Regierung in
Nanjing mit allen ihren unteren Regierungsorganen.

Aus: Brandt/Schwarz-Fairbank: Der Kommunismus in China, a. a. O.,
S. 63.

40 Chiang Kaischek in einem Interview mit zwei
amerikanischen Journalisten über die Lage in China
im Juli 1949
Frage: Glauben Sie, dass die kommunistischen Streitkräfte, falls sie nicht jetzt in China aufgehalten werden,
sich über ganz Asien ergießen werden? Antwort: Ja, Frage: Glauben Sie, dass diese sich über China ausbreitende
kommunistische Bewegung einen Teil des Plane« der So- 5
wjetunion verwirklicht, vom ganzen Fernen Osten und
schließlich von der ganzen Weit Besitz zu ergreifen? Antwort : Ja. Frage: In welchem Maß stehen die chinesischen
Kommunisten im Dienst der Sowjetunion? Weiche Ziele
verfolgt Russland in China, in Asien und in der ganzen 10
Welt? Antwort: Allen Personen, die sich, für diese „Fragen
interessieren. würde ich anraten, das vom Sechsten Welt-
kongress der Kommunistischen Internationale am 12. Dezember 1928 genehmigte Dokument „These der revolutionären Bewegung in den Kolonien und Halbkolonien" 15
zu lesen. Darin sind die kommunistischen Pläne zur Eroberung Asiens Schritt für Schritt festgelegt, Lenin erklärt,
dass der Weg zur Eroberung Europas über Asien führe.
Dieser Grundsatz des Gründers des internationalen Kommunismus wird nun von seinen Nachfolgern befolgt. Fra- 20
ge: Besteht nach Ihrer Meinung die Möglichkeit, dass der
chinesische Kommunismus nationalistische Tendenzen
entwickelt und sich vom Hauptziel der Weltrevolution ab-
löst? Ist Mao Zedong ein Strohmann Moskaus oder könnte
er ein zweiter Tito werden? Antwort: Erklärungen der chi- 25
nesischen Kommunistenführer wie auch die Geschichte
der Kommunistischen Partei Chinas zeigen klar, dass ein
Bruch Mao Zedongs und seines Kreises mit dem Zentrum
des internationalen Kommunismus, der Kominform,
höchst unwahrscheinlich ist. Was Tito offensichtlich ge- 30
tan bat, erscheint in China ausgeschlossen, und die chinesischen Kommunisten haben die Kominform im Kampf
gegen Tito auch voll unterstützt. Der Hinweis darauf,
dass die chinesischen Kommunisten mit Moskau brechen
könnten, ist nichts als Propaganda und dient der Verwir- 35
rung der Geister. Vor vielen Jahren pflegten die Kommunisten zu sagen, dass die Kommunisten in China gar keine Kommunisten, sondern harmlose Landreformer seien.
Auf diese Weise konnten sie zahlreiche Persönlichkeiten
irreführen. Wenn die Kommunisten ganz China in ihren 40
Besitz nehmen können, so werden ihre Beziehungen zur
Umwelt genau dieselben sein wie diejenigen anderer Länder hinter dem Eisernen Vorhang. Frage. In letzter Zeit ist
die Besorgnis des Auslandes über den Ereignissen in China sehr gewachsen. Gleichzeitig gewann die fatalistische 45
Ansicht an Boden, dass China ohnehin abgeschrieben
werden müsse und dass der kommunistische Vormarsch
durch ganz Asien wahrscheinlich unaufhaltsam sei. Ist
es bereits zu spät zu helfen? Antwort: Das unter kommunistischer; stehende Gebiet und seine Bevölkerung sind 50
kleiner als das, was die Japaner 1938 besetzt hatten. Die
irrige Auffassung, dass die gegenwärtige Lage irrepara-
bel sei, ist nichts als defaitistische kommunistische Propaganda, Nach meiner Auffassung muss jeder Kampf für
Freiheit und nationale Unabhängigkeit gegenüber der 55
Tyrannei und einer Fremdherrschaft mit einem vollen Erfolg enden. Wir glauben nicht daran, dass unsere eigenen
Anstrengungen oder diejenigen befreundeter Nationen
zu spät kommen. Dagegen wird der Preis, den die demokratischen Nationen einmal für die Befreiung Chinas zah- 60
len werden müssen, unvergleichlich höher sein als jetzt.
Wenn der Kommunismus nicht in China aufgehalten sich
über ganz Asien verbreiten. Angesichts dieser Verantwor-

4

tung aller demokratischen Nationen gegenüber den friedliebenden Völkern muss ich hier nochmals betone', dass jeder Zeitverlust verhängnisvoll sein kann. Frage: Haben die Kommunisten bereits die Massen hinter sich in den Gebieten Chinas , die sie besetzt halten, oder können sie in Zukunft auf Unterstützung der Massen rechnen? Antwort: Die Völker der von den Kommunisten besetzten Gebiete werden mit Hilfe des Polizeiterrors unterjocht. Nicht die Unterstützung durch die Massen, sondern deren Hass gegen die Kommunisten nimmt zu. Die Kommunisten haben selbst zugegeben, dass in den von ihnen beherrschten Gebieten Bauernrevolten ausgebrochen sind. Die Völker, die unter dem kommunistischen Joch leben, hoffen auf eine möglichst baldige Rückkehr der legitimen nationalen Regierung. Frage: Welches sind die Ursachen der Niederlagen der Regierungsarmeen? Antwort: Zwei Ursachen haben zu unseren Niederlagen geführt, abgesehen von den militärischen Ursachen: die erste Ursache ist die, dass die Sowjetunion ihre Verpflichtungen aus dem russisch-chinesischen Vertrag von 1945, der sich auf das Abkommen von Jalta gründet, nicht erfüllt hat. Obwohl wir für diesen Vertrag große Opfer brachten, hat die Sowjetunion nicht nur die Wiederangliederung der Mandschurei an China verhindert, sondern auch den Kommunisten die Möglichkeit gegeben, sich dort eine gewaltige Rüstungsindustrie aufzubauen. Die zweite Ursache ist wirtschaftlicher Art. Nach dem achtjährigen Krieg gegen die Japaner ist das Land infolge des Aufstandes der Kommunisten noch mehr verarmt. Infolgedessen waren Teile des Volkes, so Lehrer, Beamte, Soldaten und Studenten, viele Jahre hindurch gezwungen, unter den minimalsten Lebensbedingungen zu existieren. Zahlreiche politische Übel sind aus dieser Lage erwachsen.

Zit. nach: Keesing's Archiv der Gegenwart 18/19 Jahrgang 1948/49, Essen 1951, S. 2000 f.

41 **„Das chinesische Volk ist aufgestanden" – Rede Mao Zedongs vom 21. September 1949 in Beijing**
Werte Delegierte!
Die vom ganzen Volk sehnlichst erwartete Politische Konsultativkonferenz ist hiermit eröffnet.
Auf unserer Konferenz sind mehr als 600 Delegierte, die alle demokratischen Parteien und Massenorganisationen Chinas, die Volksbefreiungsarmee, die verschiedenen Gebiete und Nationalitäten des Landes sowie die Auslandschinesen vertreten. Das zeigt, dass unsere Konferenz eine Konferenz der großen Einheit des Volkes des ganzen Landes ist.
Diese große Einheit ist erreicht worden, weil wir die vom USA-Imperialismus unterstützte reaktionäre Guomindang-Regierung besiegt haben. In etwas mehr als drei Jahren hat die heldenhafte Chinesische Volksbefreiungsarmee, eine Armee, wie sie die Welt noch selten gesehen hat, alle Offensiven der mehrere Millionen Mann starken Truppen der reaktionären Guomindang-Regierung, die von den USA unterstützt wurde, zerschlagen und ist zum Gegenangriff und zur Offensive übergegangen. Gegenwärtig nähern sich die mehrere Millionen Mann zählenden Feldarmeen der Volksbefreiungsarmee bereits Taiwan, Kuangtung, Kuangsi, Kueitschou, Szetschuan und Sinjiang. Die große Mehrheit des chinesischen Volkes ist schon befreit. In etwas mehr als drei Jahren hat sich das ganze Volk zusammengeschlossen, es hat die Volksbefreiungsarmee unterstützt, gegen den Feind gekämpft und im Wesentlichen den Sieg errungen. Auf dieser Grundlage ist die

heutige Politische Konsultativkonferenz des Volkes einberufen worden. [...]
Werte Delegierte! Wir sind alle überzeugt, dass diese unsere Arbeit in die Geschichte der Menschheit eingehen wird, und sie wird zeigen: Die Chinesen, die ein Viertel der Menschheit bilden, sind nunmehr aufgestanden. Die Chinesen sind von jeher eine große, mutige und arbeitsame Nation; erst in der neueren Zeit sind sie zurückgeblieben. Diese Rückständigkeit ist einzig und allein auf die Unterdrückung und Ausbeutung durch den ausländischen Imperialismus und durch die einheimischen reaktionären Regimes zurückzuführen. Seit mehr als einem Jahrhundert haben unsere Vorgänger unbeugsam gegen die in- und ausländischen Unterdrücker gekämpft und niemals damit aufgehört. Zu diesen Kämpfen zählt auch die von Dr. Sun Yatsen, dem großen Vorkämpfer der chinesischen Revolution, geführte Revolution von 1911. Es ist das Vermächtnis unserer Vorgänger, dass wir ihr unvollendetes Werk fortsetzen mögen. Wir haben dementsprechend gehandelt. Wir haben uns zusammengeschlossen, durch den Volksbefreiungskrieg und die große Volksrevolution die in- und ausländischen Unterdrücker niedergeschlagen und proklamieren jetzt die Gründung der Volksrepublik China. Unsere Nation wird sich nun in die Gemeinschaft der Frieden und Freiheit liebenden Nationen der Welt einreihen, wird mutig und fleißig arbeiten, sich ihre eigene Zivilisation und ihr eigenes Glück schaffen und zugleich Frieden und Freiheit in der Welt fördern. Unsere Nation wird niemals mehr eine Nation sein, die sich beleidigen und demütigen lässt. Wir sind aufgestanden. Unsere Revolution wurde von den Völkern der ganzen Welt mit Sympathie und Jubel begrüßt. Überall in der Welt haben wir Freunde.
Unser revolutionäres Werk ist noch nicht vollendet, der Volksbefreiungskrieg und die revolutionäre Volksbewegung entwickeln sich weiter, und wir müssen unsere Anstrengungen fortsetzen. Die Imperialisten und die einheimischen Reaktionäre werden sich niemals mit ihrer Niederlage abfinden, sie werden noch bis zuletzt einen Verzweiflungskampf führen. Nachdem im ganzen Land Ruhe und Ordnung eingekehrt sind, werden sie immer noch mit allen Mitteln Sabotage treiben und Unruhe stiften, sie werden jeden Tag und jede Stunde Versuche unternehmen, ihre Macht in China wiederherzustellen. Das ist unausbleiblich, unterliegt keinem Zweifel, und wir dürfen keinesfalls in unserer Wachsamkeit nachlassen.
Unser Staatssystem, die demokratische Diktatur des Volkes, ist eine mächtige Waffe, mit der die Ergebnisse des Sieges der Volksrevolution geschützt und die Intrigen der in- und ausländischen Feinde zur Wiederherstellung ihrer Herrschaft vereitelt werden können. Wir müssen diese Waffe fest in Händen halten. In internationaler Hinsicht müssen wir uns mit allen Frieden und Freiheit liebenden Ländern und Völkern zusammenschließen, vor allem mit der Sowjetunion und den neudemokratischen Staaten, damit wir in unserem Kampf zum Schutz der Ergebnisse des Sieges der Volksrevolution und gegen die auf Restauration abzielenden Intrigen der in- und ausländischen Feinde nicht allein stehen. Solange wir an der demokratischen Diktatur des Volkes und am Zusammenschluss mit unseren ausländischen Freunden festhalten, werden wir stets siegreich bleiben.
Die demokratische Diktatur des Volkes und der Zusammenschluss mit unseren ausländischen Freunden werden rasche Erfolge bei unserer Aufbauarbeit ermöglichen. Wir stehen zur Zeit vor der Aufgabe des wirtschaftlichen Aufbaus im Landesmaßstab. Wir haben äußerst günstige

42 Nach der Niederlage der Guomindang-Armee im April 1949 flüchteten Tausende vor den siegreichen Kommunisten, deren Rache sie fürchteten.

Bedingungen dafür: eine Bevölkerung von 475 Millionen
95 und ein Territorium von 9,6 Millionen Quadratkilometern. Es ist wahr, vor uns liegen Schwierigkeiten, sehr viele sogar, aber wir sind fest davon überzeugt, dass der heldenhafte Kampf des ganzen Volkes alle Schwierigkeiten überwinden wird. Das chinesische Volk hat darin äußerst reiche Erfahrungen. Wenn unsere Vorgänger und wir selbst die langen Jahre größter Schwierigkeiten durchstehen und die mächtigen einheimischen und ausländischen Reaktionäre besiegen konnten, warum sollten wir nach dem
105 Sieg nicht imstande sein, ein blühendes und gedeihendes Land aufzubauen? Wenn wir weiterhin den Stil des einfachen Lebens und harten Kampfes bewahren, uns eng zusammenschließen und an der demokratischen Diktatur des Volkes und am Zusammenschluss mit unseren ausländischen Freunden festhalten, werden wir an der Wirtschaftsfront rasch Siege erringen können.
Der Aufschwung im wirtschaftlichen Aufbau wird unweigerlich von einem Aufschwung in der kulturellen Entwicklung begleitet sein. Die Zeiten, in denen die Chinesen für
115 unzivilisiert gehalten wurden, sind nun vorbei. Wir werden in der Welt als Nation mit hochentwickelter Kultur in Erscheinung treten.
Wir werden unsere Landesverteidigung stärken und es keinem Imperialisten mehr erlauben, in unser Land einzufallen.
120 Die bewaffneten Kräfte unseres Volkes, deren Fundament die heldenhafte und erprobte Volksbefreiungsarmee

ist, müssen erhalten bleiben und sich weiterentwickeln. Wir werden nicht nur ein starkes Heer, sondern auch eine starke Luftwaffe und eine starke Marine haben.
Lasst die einheimischen und ausländischen Reaktionäre 125 vor uns zittern! Lasst sie nur sagen, wir würden dieses oder jenes nicht zustande bringen! Durch unermüdliche Anstrengungen wird das chinesische Volk sicheren Schrittes sein Ziel erreichen!
Ewiger Ruhm den im Volksbefreiungskrieg und in der 130 Volksrevolution gefallenen Helden des Volkes!
Es lebe der Sieg im Volksbefreiungskrieg und in der Volksrevolution!
Hoch die Gründung der Volksrepublik China!
Auf den Erfolg der Politischen Konsultativkonferenz des 135 Chinesischen Volkes!
Aus: Mao Zedong: Ausgewählte Werke, Band 5. Peking 1978, S. 11–15

43 Eine junge Chinesin über das Verhalten der Guomindang und der Kommunisten aus der Sicht ihrer Familie (1993)
a) Über die Guomindang:
Meine Großmutter [...] klagte schon bald, die Guomindang sei schlimmer als die Japaner. Unter den Japanern habe zumindest die Wirtschaft funktioniert und sie hätten Recht und Ordnung durchgesetzt, wenn auch mit brutalen Methoden. [...] Die Guomindang besetzte die 5

4

Fabrikleitungen – soweit die Russen die Fabriken nicht demontiert hatten – mit ihren Leuten, doch sie waren nicht in der Lage, die Wirtschaft wieder in Gang zu bringen. Zwei Fabriken arbeiteten wenigstens einigermaßen, wenn
10 auch weit unter ihrer Kapazität, und der größte Teil des Gewinns wanderte in die Taschen der Leiter.

Die Korruption war ein so verbreitetes Übel, dass Chiang Kaischek eine eigene Organisation zu ihrer Bekämpfung schuf, die „Anti-Tiger-Truppe", denn im Volksmund hie-
15 ßen bestechliche Beamte „Tiger". Die Menschen sollten Beschwerden über Korruptionsfälle bei dieser Truppe vorbringen. Aber schon bald merkten sie, dass man mit dieser Truppe besonders gut Geld aus den Reichen herausquetschen konnte. „Tiger bekämpfen" war ein lukratives Ge-
20 schäft.

Noch schlimmer war das schamlose Plündern. Dr. Xia wurde sehr oft von Soldaten und Beamten heimgesucht, die ihn betont höflich begrüßten und mit übertrieben unterwürfiger Stimme baten: „Ehrenwerter Dr. Xia, einige
25 unserer Kollegen sind sehr knapp bei Kasse. Könnten Sie uns nicht etwas borgen?'" Dr. Xia wusste, dass es unklug war, solche Bitten abzuschlagen. Jeder, der sich der Guomindang entgegenstellte, setzte sich dem Vorwurf aus, Kommunist zu sein, und das bedeutete für gewöhnlich
30 Gefängnis, Prügelstrafe und oft genug Folter. [...]

Der Geheimdienst war die mächtigste Gruppe und in China bedeutete Macht Geld. [...] Angehörige des Geheimdienstes und deren Familien genossen besonderen Schutz. Lans Ehemann, Onkel Peio, fühlte sich wohl beim Ge-
35 heimdienst. [...] Zunächst hatten sie die Aufgabe, alle ehemaligen projapanischen Kräfte zu verfolgen. Aber schon bald schnüffelten sie unter Studenten nach kommunistischen Sympathisanten. Eine Zeit lang tat der „treue" Peio, wie ihm geheißen, aber dann machte ihm sein Ge-
40 wissen zu schaffen. Er wollte keine Menschen ins Gefängnis bringen oder zur Exekution aussuchen. Er bat um eine Versetzung auf einen anderen Posten. [...] Durch die Arbeit im Geheimdienst kam Peio zu Macht und Geld. Doch im Laufe der Zeit veränderte er sich. Er fing an, Opium zu
45 rauchen, er trank, spielte und ging oft in Bordelle.

b) Über die Kommunisten:

Die Kommunisten töteten niemanden, der sich ergab und die Waffen niederlegte, und sie behandelten alle Gefangenen gut. Sie bemühten sich, die einfachen Soldaten, die zumeist aus armen Bauernfamilien stammten, auf ihre
5 Seite zu ziehen. Die Gefangenen kamen nicht in Lager. Die Kommunisten hielten nur die mittleren und höheren Offiziersränge fest, die Mannschaften wurden fast auf der Stelle wieder freigelassen. Die Kommunisten organisierten sogenannte „Kummerkasten" – Versammlungen, bei de-
10 nen die einfachen Soldaten über ihr hartes Los als landlose Bauern sprechen konnten.

Die Kommunisten setzten ihnen auseinander, dass die Revolution einzig und allein den Zweck verfolge, ihnen Land zu geben. Danach stellte man sie vor die Wahl, ent-
15 weder nach Hause zu gehen oder auf der Seite der Kommunisten mitzuhelfen, die Guomindang endgültig zu besiegen, damit ihnen niemand mehr ihr Land wegnehmen konnte. Die meisten blieben und traten bereitwillig der kommunistischen Armee bei. [...]
20 Mao hatte einen wichtigen Lehrsatz der alten chinesischen Kriegskunst übernommen, der besagt, dass die wirksamste Methode, die Menschen zu erobern, darin besteht, ihre Herzen und Köpfe für sich zu gewinnen. Der Umgang mit den Kriegsgefangenen erwies sich als äußerst

wirkungsvoll. In den Kämpfen nach der großen Schlacht 25 um Jinzhou [=Stadt in Nordchina] ließen sich immer mehr Soldaten der Guomindang widerstandslos gefangen nehmen. Im letzten Jahr gingen rund achtzig Prozent der Verluste der Guomindang auf das Konto von Überläufern, nur zwanzig Prozent fielen im Kampf. [...] 30

Das vordringlichste Problem war die Versorgung mit Lebensmitteln. Die neue Regierung drängte die Bauern, ihre Produkte in der Stadt zu verkaufen, und schuf einen zusätzlichen Verkaufsanreiz dadurch, dass sie die Preise in der Stadt gegenüber dem flachen Land auf das Doppelte 35 heraufsetzte. [...] Die Menschen hatten keine Angst mehr, dass sie verhungern würden. An die Ärmsten verteilten die Kommunisten kostenlos Getreide, Salz und Kohle. Das machte großen Eindruck, unter der Guomindang hatte es so etwas nie gegeben. Die Kommunisten gewannen auch 40 dadurch die Sympathien der Bürger von Jinzhou, dass sie sich sehr diszipliniert verhielten. Sie plünderten und vergewaltigten nicht, vielmehr bemühten sie sich, der Bevölkerung ein Vorbild zu sein. Die Kommunisten traten vollkommen anders auf als die Guomindang. 45

Zit. nach: Jung Chang: Wilde Schwäne. Die Geschichte einer Familie. München, 1993, S. 103–107, 120f.

44 Ein Historiker über die Niederlage der Guomindang und den Sieg der Kommunisten

Die KPCh genoss bei Kriegsende bei weiten Teilen der chinesischen Bevölkerung hohes Ansehen. Sie hatte, wie es schien, die Japaner energischer bekämpft, als dies die GMD getan hatte. Im Gegensatz zur GMD war sie von Korruption frei. Man nahm es ihren Führern ab, dass sie 5 uneigennützig für das Wohl der Nation und für soziale Gerechtigkeit eintraten. Vor allem war die KPCh eine Partei mit bäuerlicher Anhängerschaft, und diese Klientel war erfahrungsgemäß schwer zu mobilisieren.

Seit den späten 1920er-Jahren hatte die KPCh mit einer 10 Reihe agrarpolitischer Strategien experimentiert. Sie unterschieden sich durch ihren Radikalismus, genauer: den Stellenwert, der dem politisch ausgelösten „Klassenkampf" beigemessen wurde. Zur Zeit des erstmals praktizierten Rätesystems in der Provinz Jiangxi (1931–34) war 15 man scharf gegen „ausbeuterische" Elemente auf dem Dorf vorgegangen. Nach Kriegsbeginn 1937 hatte man dann in den „befreiten Gebieten", in denen die KPCh die tatsächliche Regierungsgewalt innehatte, einen vorsichtigen, den Genossenschaftsgedanken betonenden Kurs be- 20 vorzugt. Damals hatte die KPCh breite Unterstützung auf dem Lande gesucht. Durch unterschiedliche Besteuerung und maßvolle Förderung kleinbäuerlichen Wirtschaftens wollte man die sozialen Unterschiede auf dem Dorf behutsam ausgleichen. 25

Nun, 1946, leitete die Partei in ihrer neuen Machtbasis, der Mandschurei, sowie in ihrem nordchinesischen Kontroll- und Einflussbereich einen radikalen Umsturz der Eigentumsverhältnisse auf dem Lande ein. Sie kehrte damit zur Agrarpolitik der Jiangxi-Periode zurück, die sogar noch 30 verschärft wurde. Damit begann die revolutionärste Etappe in der chinesischen Geschichte des 20. Jahrhunderts. Alle „Grundherren", definiert als nicht selbst arbeitende und daher „parasitäre" Landverpächter, und die meisten „reichen Bauern" wurden entschädigungslos enteignet. 35 Sie wurden ihrer rechtlichen und gesellschaftlichen Privilegien beraubt, viele auch umgebracht. Insgesamt wurden 43 Prozent der bebauten Fläche an sechzig Prozent der Landbevölkerung umverteilt; ein in der chinesischen

40 Geschichte beispielloser obrigkeitlicher Eingriff in die ländlichen Eigentumsverhältnisse. Nutznießer dieser Maßnahmen war die ärmere Hälfte der Bevölkerung: die landlose Unterschicht und die vielen Familien mit winzigem Grundbesitz. Doch auch die nun entstehenden Mi-
45 nifarmen waren oft so klein, dass sie sich nicht rationell bearbeiten ließen; China war zu einem „Ozean des molekularen Parzellenbauerntums" geworden.

Man kann die Bedeutung der 1946 beginnenden Landrevolution nicht überschätzen. Mit ihr endete sozialge-
50 schichtlich das agrarische Imperium des alten China. Für die ländliche Oberschicht, die Gentry, war die Revolution eine Katastrophe. [...] Ihr wurde nun als Folge des neu entfesselten „Klassenkampfes", der selbst entlegene Dörfer erfasste, wirtschaftlich und politisch das Rückgrat gebro-
55 chen. Die Gentry des traditionalen China wurde zuerst im Norden und bis 1952 dann schrittweise in ganz China „als Klasse", wie es in marxistisch-leninistischer Sprache hieß, vernichtet.

Das Muster des „Klassenkampfs" war überall dasselbe; es
60 war das Vorbild vieler späterer Massenkampagnen und sollte sich vor allem während der „Kulturrevolution" (1966–69) auch im städtischen Bereich wiederholen. Propagandatrupps, geführt von oft ortsfremden Parteikadern, kamen ins Dorf und riefen zu Massenversammlungen auf.
65 Die örtlichen „Reichen" und „Bösewichter" wurden identifiziert und den leidenschaftlichen Anklagen der Dorfarmut ausgesetzt, die ihnen ihr Sündenregister vorhielt. „Geständnisse" wurden nicht selten durch Folter erzwungen. Die Versammlung endete oft mit der Hinrichtung
70 mindestens eines „Grundherrn" und der sofortigen Umverteilung seines Landes und desjenigen anderer „Klassenfeinde". Der psychologische Effekt solcher „Kampfversammlungen" war außerordentlich. Bauern überwanden Respekt und Furcht vor den dörflichen Herren und fanden
75 mithilfe der Parteiaktivisten erstmals eine Sprache, um ihre Leiden auszudrücken.

Mit militärstrategischem Geschick verstand es die KPCh, in den Jahren nach Kriegsende ihre Position in China zu stärken. Ihre Gegner machten es ihr leicht. Die GMD ver-
80 spielte den politischen Kredit, den sie bei Kriegsende noch besessen hatte. Spätestens 1948 hatte sie die Mehrheit der chinesischen Bevölkerung gegen sich aufgebracht – auch wenn dies nicht unbedingt bedeutete, dass dieselbe Mehrheit ein kommunistisches Regime herbeisehnte. Den Bau-
85 ern hatte die GMD mangels realistischer agrarpolitischer Vorstellungen schon vor dem Krieg wenig zu bieten gehabt. Während der Kriegsjahre hatten Chiang Kaischeks Armeen vielfach wie Besatzer auf Kosten der Dorfbewohner gehaust, während die Rote Armee darauf achtete, die
90 Zivilbevölkerung möglichst wenig zu belasten.

Überraschender und folgenreicher war das Versagen der GMD in den Städten. Von Anfang an war sie eine städtische Partei gewesen. Diese Orientierung ging auf ihren Gründer Sun Yatsen zurück. Die japanische Invasion
95 hatte die GMD und ihre Einparteienregierung von den urbanen Zentren an der Küste getrennt. Seit Ende 1938 war Chongqing weit im kontinentalen Südwesten Chinas ihre Hauptstadt gewesen. Als sie 1945/46 erneut das Regiment in den großen Städten übernahm, verprellte sie
100 die Arbeiter durch ein hartes antigewerkschaftliches Vorgehen. Nach wie vor blieb die städtische Arbeiterschaft, die von den Japanern mit großer Brutalität behandelt worden war, ohne jegliche Sozialversorgung und ohne rechtlichen Schutz. Da die Arbeiterkontrolle der GMD aber
105 schwach und rein polizeilich war und sich nicht auf ei-

gene Arbeiterorganisationen stützen konnte, gelang es ihr nicht, Streiks zu verhindern. War es 1936 in ganz China zu 278 industriellen Konflikten gekommen, so stieg deren Zahl nun auf über 2 500 allein in Schanghai.

Die Unternehmer in Städten wie Shanghai oder Tianjin, 110 die erwartet hatten, ihre von den Japanern enteigneten Fabriken wieder in Besitz nehmen zu können, mussten erleben, wie sich raffgierige Partei- und Staatsfunktionäre das beschlagnahmte Feindeseigentum aneigneten. [...] Die KPCh fand vielfach Glauben, wenn sie ankündigte, 115 bei einer Machtübernahme die „nationale Bourgeoisie" zu schonen und nur gegen die GMD-nahe „bürokratische Bourgeoisie" mit Härte vorzugehen.

Auch die Intellektuellen wurden von der GMD in die Opposition getrieben. Pressezensur, die scharfe Kontrolle der 120 Universitäten und die Verfolgung und Misshandlung von Demonstranten, die für inneren Frieden eintraten und nun des Kommunismus bezichtigt wurden, ließen die geistige Elite des Landes auf Distanz zu Chiang Kaischeks Regime gehen. [...] 125

Der GMD-Regierung fehlten die Fähigkeit und wohl auch der Wille, die Preisexplosion zu meistern, deren politische Zerstörungskraft sie nicht erkannte. Überhaupt missverstand die Führung von Staat und Partei die Stimmung in der Bevölkerung und nahm, wie Chiang Kaischek selbst 130 im Rückblick einräumen musste, den allgemeinen Vertrauensverlust nicht wahr.

Die Legitimitätsreserven der GMD waren um 1947 weitgehend aufgezehrt.

Die Zerrüttung des Guomindang-Systems machte auch 135 vor dem Militär nicht halt. Chiang Kaischeks imposante Armee erwies sich bald als ein Koloss auf tönernen Füßen. Seit Anfang 1948 liefen immer mehr Soldaten und Truppenteile der Nationalarmee zur VBA über. Die KPCh nahm die Deserteure gern auf und ließ manche GMD-Generäle 140 einstweilen auf ihren Posten. [...]

Dem Geschick von KPCh und VBA [Volksbefreiungsarmee] stand drastisch die militärische Unfähigkeit der GMD gegenüber. [...] Nach der Schlacht von Xuzhou fielen die großen Städte Chinas der Reihe nach ohne ernsteren Wi- 145 derstand an die VBA: [...] Am 1. Oktober 1949 rief Mao Zedong auf dem Tor des Himmlischen Friedens in Peking die Volksrepublik China aus. [...]

Viele Chinesen, die den Sieg der Kommunisten begrüßten, waren keine enthusiastischen Anhänger des Bolschewis- 150 mus in seiner maoistischen Ausprägung. Schlimmer als unter der Nachkriegs-GMD, so dachten viele, würde es kaum kommen können. Die Stimmung in China am Ende des Jahres 1949 war beherrscht von einem Aufatmen nach zwölf Jahren nahezu ununterbrochenen Kriegs und Bür- 155 gerkriegs. Hoffnungsvoll oder besorgt wartete man auf die ersten Maßnahmen des neuen Regimes.

Zit. nach: Jürgen Osterhammel: Revolution als militärischer Sieg: Der chinesische Bürgerkrieg. In: DIE ZEIT. Welt- und Kulturgeschichte, Bd. 14: Zweiter Weltkrieg und Nachkriegszeit. Hamburg 2006, S. 352–361.

4

45 Das Zentralkomitee der Kommunistischen Partei über Mao Zedong, 1966

Das Mao Zedong-Denken ist der Wegweiser für die Aktionen in der Großen Proletarischen Kulturrevolution. In der Großen Proletarischen Kulturrevolution ist es notwendig, das große rote Banner des Mao Zedong-Denkens hochzuhalten und die proletarische Politik das Kommando
5 übernehmen zu lassen. Wir müssen die Bewegung zum lebendigen Studieren und lebendigen Anwenden der Werke des Vorsitzenden Mao unter den breiten Massen der Arbeiter, Bauern, Soldaten, Kader und Intellektuellen entfalten und das Mao Zedong-Denken zum Wegweiser für die
10 Aktionen in der Kulturrevolution machen. Während dieser verwickelten und komplizierten Großen Kulturrevolution müssen die Parteikomitees der verschiedenen Ebenen die Werke des Vorsitzenden Mao noch gewissenhafter in lebendiger Weise studieren und anwenden. Insbesondere
15 müssen sie immer wieder die Schriften des Vorsitzenden Mao über die Kulturrevolution und die Führungsmethoden der Partei studieren. Die Parteikomitees aller Ebenen müssen die Weisungen, die der Vorsitzende Mao im Laufe der Jahre gegeben hat, befolgen. [...] Unter Führung des
20 Zentralkomitees der Partei mit dem Genossen Mao Zedong an der Spitze wird die Große Proletarische Kulturrevolution bestimmt einen glänzenden Sieg erringen.

Zit. nach: Ostkolleg der Bundeszentrale für politische Bildung (Hg.): VR China im Wandel. 2. Aufl. Bonn 1988, S. 234.

46 Das Zentralkomitee der Kommunistischen Partei beurteilte 1981 nach langen und heftigen Diskussionen den ehemaligen Vorsitzenden neu

Genosse Mao Zedong war ein großer Marxist und ein großer proletarischer Revolutionär, Stratege und Theoretiker. Obwohl er in der „Kulturrevolution" schwere Fehler beging, überwiegen alles in allem seine Verdienste für die chinesische Revolution. Seine Verdienste sind zweifellos 5 primär, seine Fehler sekundär. Hinsichtlich der Gründung und Entwicklung unserer Partei und der Volksbefreiungsarmee, der Befreiung aller Nationalitäten Chinas, der Errichtung der Volksrepublik China und der Entwicklung des Sozialismus in unserem Land hat er sich unvergäng- 10 liche Verdienste erworben. Er hat einen großen Beitrag zur Befreiung aller unterdrückten Nationen der Welt und zum Fortschritt der Menschheit geleistet. [...] Hätte er die chinesische Revolution nicht wiederholt aus Krisen gerettet, [...] wäre es durchaus möglich, dass unsere Partei und das 15 Volk noch länger nach einem Ausweg hätten suchen müssen. Er wurde allmählich eingebildet und löste sich von den Massen [...]; er stellte sich über das Zentralkomitee der Partei, wodurch die Prinzipien der kollektiven Führung und der demokratische Zentralismus im politischen 20 Leben von Partei und Staat ständig geschwächt und untergraben wurden.

W. Pfennig u. a.: Volksrepublik China. Eine politische Landeskunde. Berlin 1983, S. 23.

Arbeitsvorschläge:

1. Diskutieren Sie anhand von M1, M2, M4 und M5 die Ursachen der Revolution in China. Vergleichen Sie diese mit anderen Revolutionen in der Geschichte.
2. Informieren Sie sich anhand von M8, M9, M11, M13 und M27 sowie von Lexika und einschlägigen Artikeln bei www.wikipedia.de über die politischen Parteien und deren Programme, die nach dem Sturz der Monarchie um die Macht konkurrieren.
3. Schreiben Sie anhand von Lexika und Zeitungsartikeln eine Biografie der wichtigsten chinesischen Politiker dieser Zeit: Sun Yatsen, Chiang Kaischek und Mao Zedong und vergleichen Sie die Ziele der von diesen geführten Parteien.
4. Diskutieren Sie die Haltung Chiang Kaischeks und Mao Zedongs gegenüber dem jeweiligen Gegner. (M30–M32)
5. Beschreiben Sie die Lage der Bevölkerung auf dem Land zwischen 1912 und 1949 anhand von M und diskutieren Sie Mao Zedongs Bericht über die Lage der Bauern in Hunan (M15, M19).
6. Verfassen Sie anhand von M26, M29 und neuerer Handbücher über die Geschichte Japans einen Zeitungsartikel über die japanische Politik gegenüber China zwischen 1894/95 und 1945.
7. Recherchieren Sie im Internet über das Massaker von Nanjing 1937 und dessen Bedeutung für die Beziehungen zwischen China und Japan heute.
8. Analysieren Sie die Ursachen für den Sieg der Kommunisten und diskutieren Sie Mao Zedongs Erklärung für den eigenen Sieg und dessen Sicht von der Zukunft Chinas (M39–M46).